西江韩国语1B

语法与单词参考手册

문법·단어 참고서

서강한국어 뉴시리즈
Student's Book 1B 语法与单词参考手册

© 2017 서강대학교 한국어교육원
이 책의 저작권은 서강대학교 한국어교육원에 있습니다. 서면에 의한 저자의 허락 없이 내용의 일부를 인용하거나 발췌하는 것을 금합니다.

© 西江大学 韩国语教育院(韩国), 2017
本书的著作权属于西江大学韩国语教育院(韩国)。
没有著作权人的书面许可,任何团体或个人不得引用或盗用本书的内容。

서강한국어 교재시리즈 총기획 : 김성희
西江韩国语教材系列丛书总体规划 : 金成熹
서강한국어 중국어판 교재연구책임 : 임현성
西江韩国语中文版教材责任研究 : 林贤成

초판 발행	2009년 4월 7일
1판 4쇄	2017년 4월 9일
펴낸곳	서강대학교 국제문화교육원 출판부
펴낸이	박종구
등록번호	313-2006-00028
출판사 주소	서울시 마포구 백범로 35 (신수동)
Tel	(82-2) 705-8088~9
Fax	(82-2) 701-6692, 713-8963
e-mail	cksss@sogang.ac.kr
Homepage	http://klec.sogang.ac.kr http://koreanimmersion.org

K.L.E.C   S.K.I.P

교사 사이트 http://koreanteachers.org

Sogang Korean Teachers

판매·유통	(주)도서출판 하우
등록번호	제475호
주소	서울시 중랑구 망우로 68길 48
Tel	(82-2) 922-7090, 922-9728
Fax	(82-2) 922-7092
e-mail	hawoo@hawoo.co.kr
homepage	http://hawoo.co.kr

서강한국어 1B 문법·단어 참고서
Workbook 정답 정오표 中文版

83쪽	종합문제
다.	2. 극장에 같이 갈 수 있어요? → 영화관에 같이 갈 수 있어요?
84쪽	문법 – 지 않아요
check	ㄹ 알다 알지 않아요? → 살다 살지 않아요
86쪽	종합문제
다.	5. 예쁜 여자가 저를 계속 쳐다봐요. → 예쁜 여자가 계속 저를 쳐다봐요.
93쪽	文法 – 아/어서
라.	3. 예) 음악을 좋아해서 한국 음악 CD를 받고 싶어요. → 핸드폰이 안 좋아서 좋은 핸드폰을 받고 싶어요.
101쪽	综合练习
p. 158	2. 친구하고 같이 극장에 가요 → 친구하고 같이 영화관에 가요 8. 친구하고 같이 극장에 갔어요 → 친구하고 같이 영화관에 갔어요
p. 159	2. 친구하고 같이 극장에 갈 거예요 → 친구하고 같이 영화관에 갈 거예요

目录

- 04 语法
- 26 不规则动词・形容词
- 29 课文句式和单词
- 37 补充语法
- 49 课文(会话、阅读、听力):中文译文
- 63 词汇索引
- 80 同步练习册(Workbook)答案

语法

第 1 课	-(으)ㄹ 거예요 ① -(으)ㄹ 수 있어요/없어요 형용사
第 2 课	-(으)ㄴ -지 않아요 -아/어/여 보세요
第 3 课	-(으)세요 ② -(으)셨어요 신체 명사
第 4 课	-(으)ㄹ 줄 알아요/몰라요 운동과 악기 -아/어/여야 해요 -거나
第 5 课	-(으)ㄹ까요? ① -하고 ② -고
第 6 课	못 -아/어/여서 -(으)려고 해요
第 7 课	-아/어/여 봤어요 -아/어/여 주세요
第 8 课	-보다 (더) 제일

❶ -(으)ㄹ 거예요 ①
❷ -(으)ㄹ 수 있어요/없어요
❸ 형용사

❶ -(으)ㄹ 거예요 ① : "准备做~"。"아/어/여요"的将来时。

▶ 表示动作主体未来要做的事情。"-(으)ㄹ 거예요" 和动词连用,词干有韵尾时接"-을 거예요",没有韵尾时接"-ㄹ 거예요"。

가다 : 가 -ㄹ 거예요 → 갈 거예요
먹다 : 먹 -을 거예요 → 먹을 거예요

例 ① A : 안나 씨, 언제 부산에 **갈 거예요**? (安娜,(你)什么时候去釜山?)
　　　B : 다음 주에 **갈 거예요**. ((我)下周去。)

　　② 오늘 친구하고 점심을 먹**을 거예요**. (今天(我)和朋友一起去吃午饭。)

注意!

① "ㄷ"不规则动词

词干以"ㄷ"为韵尾的"ㄷ"不规则动词,在元音前面"ㄷ"变为"ㄹ"。与"-을 거예요"连接时,"ㄷ"的不规则动词将"ㄷ"变为"ㄹ"。

걷다 : 걷 -을 거예요 → 걸을 거예요

② "ㄹ"不规则动词/形容词

动词/形容词词干韵尾为"ㄹ"的时候,"ㄹ"被脱落。动词/形容词词干后接"-ㄹ 거예요"。

살다 : 사 -ㄹ 거예요 → 살 거예요

③ "ㅂ"不规则动词/形容词

词干以"ㅂ"为韵尾的"ㅂ"不规则动词/形容词,在元音前面变成"우"。当后面出现"-을 거예요"的时候,"ㅂ"的不规则动词/形容词中的"ㅂ"要变为"우"。

춥다 : 춥 -을 거예요 → 추우 -을 거예요 → 추울 거예요

还有…

主语是第三人称的时候,也可以表示说话人的推测。这时也可以接在形容词的词干后面。

例　앤디 씨가 운동을 좋아할 **거예요**. (安迪可能喜欢运动。)
　　앤디 씨가 지금 식당에 있을 **거예요**. (安迪可能在食堂。)
　　앤디 씨 생일이 5월 20일**일 거예요**. (安迪的生日可能是5月20日。)

❷ -(으)ㄹ 수 있어요/없어요 : 能做/不能做~。表示可能和不可能做某种活动。

▶ "-(으)ㄹ 수 있어요" 表示能力、可能或者允许。
  "-(으)ㄹ 수 없어요" 是其否定形式，表示不可能或不允许。

▶ "-(으)ㄹ 수 있어요/없어요" 接在动词词干后，如果没有韵尾取 "ㄹ 수 있다/없다" 形式，有韵尾则取 "-을 수 있어요/없어요" 形式。

　가다 : 가 -ㄹ 수 있어요/없어요 → 갈 수 있어요/없어요
　먹다 : 먹 -을 수 있어요/없어요 → 먹을 수 있어요/없어요

例　① 영어를 **할 수 있어요**. ((我)能说(会说)英语。)

　　② 오늘 **갈 수 있어요**. (今天(我)能去。)

　　③ 오늘 같이 공부**할 수 없어요**. (今天(我)不能一起学习。)

注意!

① **"ㄷ" 不规则动词**
词干以 "ㄷ" 为韵尾的 "ㄷ" 不规则动词，在元音前面 "ㄷ" 变为 "ㄹ"。与 "-을 수 있어요" 连接时，"ㄷ" 的不规则动词将 "ㄷ" 变为 "ㄹ"。

　걷다 : 걷 -을 수 있어요 → 걸을 수 있어요

② **"ㄹ" 不规则动词**
动词词干韵尾为 "ㄹ" 的时候，"ㄹ" 被脱落。动词词干后接 "-ㄹ 수 있어요"。

　살다 : 사 -ㄹ 수 있어요 → 살 수 있어요

③ **"ㅂ" 不规则动词**
词干以 "ㅂ" 为韵尾的 "ㅂ" 不规则动词，在元音前面变成 "우"。当后面出现 "-을 수 있어요" 的时候，"ㅂ" 的不规则动词中的 "ㅂ" 要变为 "우"。

　눕다 : 눕 -을 수 있어요 → 누우 -을 수 있어요 → 누울 수 있어요

---

❸ 형용사 : 形容词

▶ 形容词为描述事物的状态。

▶ 形容词与动词的终结词尾活用变化相同。

例　① 꽃이 **아름다워요**. (花很漂亮。)

　　② 방이 **작아요**. (房间很小。)

　　③ 한국 영화가 **재미있어요**. (韩国电影有意思。)

	现재
좋다 (好)	좋아요
크다 (大)	커요
많다 (多)	많아요
싸다 (便宜)	싸요
높다 (高)	높아요
길다 (长)	길어요
빠르다 (快)	빨라요
덥다 (热)	더워요
가깝다 (近)	가까워요
어렵다 (难)	어려워요
맛있다 (好吃)	맛있어요
재미있다 (有意思)	재미있어요

↔

	现재
나쁘다 (不好)	나빠요
작다 (小)	작아요
적다 (少)	적어요
비싸다 (贵)	비싸요
낮다 (低)	낮아요
짧다 (短)	짧아요
느리다 (慢)	느려요
춥다 (冷)	추워요
멀다 (远)	멀어요
쉽다 (容易)	쉬워요
맛없다 (不好吃)	맛없어요
재미없다 (没意思)	재미없어요

文化与常识

韩国语的敬语

韩国是一个传统意义上的儒教国家，素有"东方礼仪之邦"之称。韩国语较之其他语言最显著的特征就是有敬语。韩国社会上下等级关系非常严格，因此，为了建立和维持良好的人际关系，必须注意使用敬语。

韩国语的敬语复杂而微妙，一方面表现在代词和称呼的使用上，另一方面表现在语尾变化上。还有从助词和特殊词汇中也可以看出韩国语敬语的多样性和丰富性。韩国语的敬语一般分为主体敬语法、客体敬语法、听者敬语法三种类型。

在韩国，年龄、性别、等级、职业、辈分、亲疏关系等许多因素影响敬语的使用，其中年龄是决定敬语法的最重要因素。

第2课

❶ -은(ㄴ)
❷ -지 않아요
❸ -아/어/여 보세요

❶ -(으)ㄴ：形容词在名词或名词句前做修饰语时的词尾

▶ 用于形容词后，表示事物现在的状况或性质。形容词词干没有韵尾时，加"ㄴ"，有韵尾时加"은"。

예쁘다 : 예쁘 -ㄴ → 예쁜 꽃
작다 　: 작 -은 → 작은 방

形容词		
基本形	句子末尾	名词前面
예쁘다(漂亮)	꽃이 예뻐요.	예쁜 꽃
작다(小)	방이 작아요.	작은 방

> **注意!**
>
> 用于"있다、없다",或"재미있다"、"맛있다"等的"있다、없다"时,不用"-(으)ㄴ",而是用"는"。
>
> 맛있다 ： 맛있 -는 → 맛있는 음식(好吃的食物)
> 재미없다 ： 재미없 -는 → 재미없는 사람(没意思的人)
>
> **"ㅂ"不规则形容词**
> 词干以"ㅂ"为韵尾的"ㅂ"不规则形容词,在元音前面变成"우"。当后面出现"-은"的时候,"ㅂ"的不规则形容词中的"ㅂ"要变为"우"。
>
> 쉽다 ： 쉽 -은 → 쉬우 -은 → 쉬운

❷ -지 않다 ：**不 + 动词/形容词。用于否定。**

▶ "-지 않다"表示否定,同《西江韩国语1A》中学过的"안 + 动词/形容词"在意思上没有区别。"-지 않다"既适用于形容词,又适用于动词,表示否定。(不管形容词或动词的词干有没有韵尾都可以与"-지 않다"连接。)

[动词]　가다　： 가　-지 않다 → 가지 않아요 (= 안 가요)
　　　　먹다　： 먹　-지 않다 → 먹지 않아요 (= 안 먹어요)
　　　　숙제하다： 숙제하 -지 않다 → 숙제하지 않아요 (= 숙제 안 해요)
[形容词] 예쁘다 ： 예쁘　-지 않다 → 예쁘지 않아요 (= 안 예뻐요)

例　A ： 학교에 가요? (你去学校吗?)
　　B ： 아니요, 학교에 가**지 않아요**. (不, 我不去。)

> **注意!**
>
> "가다"有两个意思:"走"与"去",但是人物为主语时,"가지 않다"的意思并不是"不走",而是"不去"。

❸ -아/어/여 보세요 ："请……(试着做某事)"。用于劝某人做某事的表达方式。

▶ "-아/어/여 보세요"用于动词后面,如果动词词干以'ㅏ'或者'ㅗ'结尾,则用"-아 보세요";以除'ㅏ'或者'ㅗ'之外的元音结尾,则用"-어 보세요";如果动词以"하다"结尾,则用"-여 보세요"可缩略为"-해 보세요"。

가다 　： 가 -아 보세요 　→ 가 보세요
먹다 　： 먹 -어 보세요 　→ 먹어 보세요
말하다 ： 말하 -여 보세요 → 말해 보세요

> **注意!**
>
> 动词'보다(看)'不能和'-아보다'连接,而是'보세요'单独使用。
>
> 보다 ： 보 -아 보세요 → 봐 보세요(X) → 보세요(O)

例　이 영화가 재미있어요. 한번 **보세요**. (这部电影很有意思, 看一下吧(看看吧)。)

> **文化与常识**
>
> **在韩国购物**
>
> Q：在超市买牛肉的时候，应怎么询问？
>
> A：在超市买肉时应说：给我 "한 근(一斤)"。韩国语有不同的表示数量的单位，买牛肉、猪肉等时用量词 "근(斤)"，而买鱼时则用量词 "마리(条、只、匹)"。这对学习韩国语的外国人来说是很难的。所幸现在超市里的许多东西都以克为单位包装好，这使购物变得更加容易。想买多少，你只需说出所需商品的金额，"○○을 천원 어치 주세요(给我（相当于）一千韩币的○○)"，就可以。如果你遇到一个慷慨的店主跟你说 "덤으로 드릴게요(这是赠送的)"，你将获得一点小小的惊喜。
>
> "한 근(一斤)" 在指肉的时候是600克，而在超市买蔬菜或水果的时候是指400克。为什么呢？虽然有点奇怪，但知道其起源似乎也可以理解。据说，"근" 原来指一把能够抓住的食物的重量，一把肉的重量比一把水果的重量更沉，所以 "一斤" 肉当然比 "一斤" 水果更重啦。

❶ -(으)세요 ②
❷ -(으)셨어요
❸ 신체 명사

❶ -(으)세요 ②：表达尊敬的终结词尾

▸ "-(으)세요" 见于《西江韩国语1A》，用于动词后边表示郑重的命令或者请求、要求。在这里是 "-(으)세요" 接在谓语后面，表示说话人对主语的尊敬。

▸ 句子的主语是听话者或者是第三者，因此 "-(으)세요" 只用于第二或三人称作为主语的句子中，而不能用第一人称作为主语。

▸ "-(으)세요" 用于动词和形容词之后，如果动词/形容词词干有韵尾，则用 "-으세요"，否则用 "-세요"。

```
[动词]    가다   : 가    -세요  → 가세요
         읽다   : 읽   -으세요 → 읽으세요
[形容词]  친절하다 : 친절하 -세요  → 친절하세요
```

> 例 ① 선생님이 여섯 시에 집에 가**세요**. (老师在6点钟回家。)
>
> ② 우리 어머니가 책을 읽**으세요**. (我妈妈正在看书。)
>
> ③ 우리 아버지가 정말 친절하**세요**. (我爸爸真的很和蔼。)

> **注意!**
>
> ① "ㄷ" 不规则动词
>
> 词干以 "ㄷ" 为韵尾的 "ㄷ" 不规则动词，在元音前面 "ㄷ" 变为 "ㄹ"。与 "-으세요" 连接时，"ㄷ" 的不规则动词将 "ㄷ" 变为 "ㄹ"。
>
> 듣다 : 듣 -으세요 → 들으세요

② "ㄹ"不规则动词/形容词
动词/形容词词干韵尾为"ㄹ"的时候,"ㄹ"被脱落。动词/形容词词干后接"-세요"。

살다 : 살 -으세요 → 사 -세요   → 사세요

③ "ㅂ"不规则动词/形容词
词干以"ㅂ"为韵尾的"ㅂ"不规则动词/形容词,在元音前面变成"우"。当后面出现"-으세요"的时候,"ㅂ"的不规则动词/形容词中的"ㅂ"要变为"우"。

춥다 : 춥 -으세요 → 추우 -으세요 → 추우세요

▶ "-(으)세요"不管是疑问句还是陈述句,其变化形式是都一样的。

例 ① 마이클 씨, 지금 학교에 가<u>세요</u>? (迈克尔你现在去学校吗?)

② 마이클 씨 어머니가 선생님<u>이세요</u>? (迈克尔的妈妈是老师吗?)

注意!
回答"-(으)세요?"的问句时,因为对自己没有必要使用敬语,所以回答时用"-아/어/여요"。

例 A : 집에 가세요? (你现在回家吗?)
B : 네, 집에 <u>가요</u>. (是的,我回家。)

▶ 只能用作敬语的动词:

动词	微敬语	敬语	
있다 (在)	있어요	계세요	*있다 (有) : 있으세요
없다 (不在)	없어요	안 계세요	*없다 (没有) : 없으세요
먹다 (吃)	먹어요	드세요, 잡수세요	
마시다 (喝)	마셔요	드세요	
자다 (睡觉)	자요	주무세요	
말하다 (说)	말해요	말씀하세요	

注意!
尊敬语"계시다"只用于主语是人的情况。

例 ① 우리 할머니께서 지금 집에 안 <u>계세요</u>. (祖母现在不在家。)
    ↳ 主语是人

"있다"表示拥有的意思时变为"있으세요/없으세요",表示对主语的尊敬。

例 ① 오늘 오후에 <u>시간이 있으세요</u>? (今天下午有时间吗?)
    ↳ 主语是物

② 우리 할머니는 걱정이 <u>없으세요</u>.
    ↳ 主语是事

> **还有…**
>
> 为表示尊敬，可以用"께서"来替代主格助词"이/가"。
>
> 어머니**가** → 어머니**께서**
>
> 例　우리 어머니**께서** 오후에 시장에 가세요. (妈妈下午去超市。)

② -(으)셨어요：表达尊敬的过去式词尾

▶ 表达尊敬的词尾的过去式，把 "-(으)세요" 换成 "-(으)셨어요"。

▶ "-(으)셨어요" 用于动词和形容词之后，如果动词/形容词词干有韵尾，则用 "-으세요"，否则用 "-세요"。

```
[动词]    가다      : 가     -셨어요    → 가셨어요
          읽다      : 읽     -으셨어요  → 읽으셨어요
[形容词]  친절하다  : 친절하 -셨어요    → 친절하셨어요
```

> **文化与常识**
>
> **年龄和尊敬**
>
> Q：为什么在韩国年龄那么重要？
> A：韩国文化深受儒教思想的影响，在人际关系中非常重视长幼有序。所以在跟长辈说话时，必须使用敬语形式 "-으세요"，以表示尊敬。在重视尊卑有序的韩国社会，年龄的影响不仅仅局限于语言方面，还影响着社会生活的一切领域。比如在长辈面前不能吸烟，喝酒时要转过身去，进门时应让长辈先行，从长辈那里领取物品时应用双手，就餐时长辈动筷子以后晚辈才能吃等等。

③ 신체명사 : **身体名词**

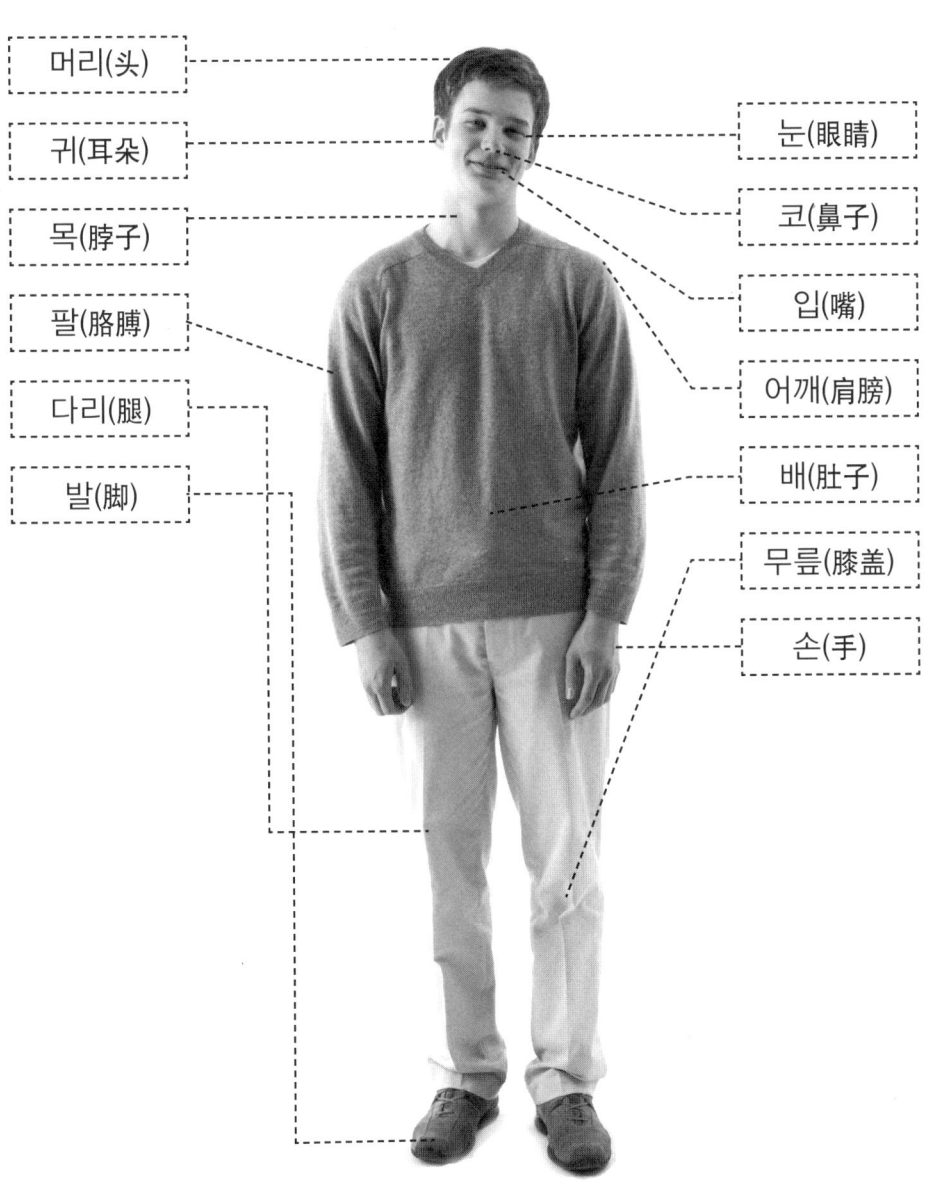

第4课
1. -(으)ㄹ 줄 알아요/몰라요
2. 운동과 악기
3. -아/어/여야 해요
4. -거나

❶ -(으)ㄹ 줄 알아요/몰라요：会/不会(如何做某事)。表示"具有(不具有)某种技能"。

▶ "-(으)ㄹ 줄 알아요/몰라요"接在动词的词干，有韵尾时接"-을 줄 알아요/몰라요"，没有韵尾时接"-ㄹ 줄 알아요/몰라요"。

수영하다 : 수영하 -ㄹ 줄 알아요 → 수영할 줄 알아요
읽다   : 읽   -을 줄 알아요 → 읽을 줄 알아요

> 例 A：수영할 줄 아세요? (你会游泳吗?)
> B：네, 수영할 줄 알아요. (是的, 我会。)
> 아니요, 수영할 줄 몰라요. (不, 我不会。)

注意!

① "ㄷ"不规则动词
词干以"ㄷ"为韵尾的"ㄷ"不规则动词, 在元音前面"ㄷ"变为"ㄹ"。与"-을 줄 알아요/몰라요"连接时，"ㄷ"的不规则动词将"ㄷ"变为"ㄹ"。

듣다 : 듣 -을 줄 알아요 → 들을 줄 알아요

② "ㄹ"不规则动词
动词词干韵尾为"ㄹ"的时候，"ㄹ"被脱落。动词词干后接"-ㄹ 줄 알아요"。

만들다 : 만드 -ㄹ 줄 알아요 → 만들 줄 알아요

还有…

1) "-(으)ㄹ 줄 알다/모르다"可表示单纯的可能, 也可以表示具有某种本领、技能。而"-(으)ㄹ 수 있다/없다"只表示单纯可能。在下面情况下两者可以替换。

> 例 불고기를 만들 수 있어요. (单纯的可能) = 불고기를 만들 줄 알아요. (技能)
> (我能做烤肉。) (我会做烤肉。)

2) 但是, 如下例"-(으)ㄹ 수 있다/없다"表示可能性时, 不能使用"-(으)ㄹ 줄 알다/모르다"。

> 例 내일 영화를 볼 수 있어요. (O) 明天能看电影。
> 내일 영화를 볼 줄 알아요. (×) 知道明天看电影的方法。

❷ 운동과 악기 : 运动和乐器

▶ 关于运动和乐器的动词有多种，使用的时候特别要注意使用合适的动词。

야구 축구 농구 수영 태권도	+ 하다	테니스 골프 탁구 피아노 기타	+ 치다	스케이트 스키	+ 타다

❸ -아/어/여야 해요 : 一定, 必须, 不得不, 应该。表示义务。

▶ "-아/어/여야 해요"接在动词、形容词、"이다/아니다, 있다/없다"后面，表示必须作某种行为或动作。如果前接词的词干最后元音为"ㅏ""ㅗ"时，后接"-아야 해요"，词干最后元音为"ㅏ""ㅗ"以外的元音时，后接"-어야 해요"。如果前接动词是"하다"，那么，其后接"-여야 해요"，但是"하 + 여야 해요"可缩略为"-해야 해요"形式。

가다　　：가　　　-아야 해요 → 가야 해요
먹다　　：먹　　　-어야 해요 → 먹어야 해요
친절하다：친절하　-여야 해요 → 친절해야 해요

例　① 집에 가**야 해요**. (我应该回家。)

　　② 밥을 먹**어야 해요**. (我必须吃饭。)

　　③ 선생님은 친절**해야 해요**. (老师应该和蔼。)

注意！

① **"ㄷ"不规则动词**
词干以"ㄷ"为韵尾的"ㄷ"不规则动词，在元音前面"ㄷ"变为"ㄹ"。与"-아/어/여야 해요"连接时，"ㄷ"的不规则动词将"ㄷ"变为"ㄹ"。

듣다 : 듣 -어야 해요 → 들어야 해요

② **"ㅂ"不规则动词/形容词**
词干以"ㅂ"为韵尾的"ㅂ"不规则动词/形容词，在元音前面"ㅂ"变为"우"。与"-아/어/여야 해요"连接时，"ㅂ"的不规则动词/形容词将"ㅂ"变为"우"。

쉽다 : 쉽 -어야 해요 → 쉬우 + -어야 해요 → 쉬워야 해요

③ **"ㅇ"不规则动词/形容词**
以"ㅇ"结尾的动词/形容词词干的后面接以元音起头的词尾时，其词干的"ㅇ"将脱落。

쓰다 : 쓰 -어야 해요 → 써야 해요

❹ -거나 : … 或 ~, 或者~ 或者~, 要么~要么~。用于动词、形容词后，表示任选其一。

▶ "-거나"用于动词或形容词之后，表示两个或两个以上的行为、动作、状态中选择一个。
接在动词、形容词、"이다/아니다"、"있다/없다"之后，不管前面的词的韵尾是元音还是辅音，都不发生形态变化。

| 动词或形容词的词干 | + | 거나 | + | 其他动词或形容词 |

[动词]　보다 + 읽다　→　보거나 읽다
　　　　먹다 + 마시다　→　먹거나 마시다
[形容词] 좋다 + 나쁘다　→　좋거나 나쁘다

例　① 저녁에 텔레비전을 보<u>거나</u> 신문을 읽어요. (晚上要么看电视,要么看报纸。)

　　② 아침에 과일을 먹<u>거나</u> 주스를 마셔요. (早上或者吃水果,或者喝果汁儿。)

▶ 表示过去或将来的行为、动作等时，"-거나"前面的动词的形态不发生变化，只有后面的动词的形态发生变化。

例　A : 주말에 뭐 할 거예요? (周末你将要做什么?)
　　B : 친구를 만나거나 여행을 갈 거예요. (我将要见我的朋友或去旅行。)

还有…

"-(이)나"与"-거나"有相同的含义,但是这种形式只用于连接两个名词,"이나"用于以辅音结尾的名词后面,"나"用于以元音结尾的名词后面。

| 名词 | + | (이)나 | + | 名词 |

책 + 신문 : 책이나 신문
커피 + 차 : 커피나 차

例　① 책<u>이나</u> 신문을 읽어요. (我看书或者看报。)

　　② 커<u>피나</u> 차를 마셔요. (我喝咖啡或者茶。)

文化与常识

餐桌上的礼节
　　中国人吃饭的时候可以把饭碗拿在手里吃,但在韩国这是失礼的行为,喝汤的时候也一样。而且,韩国人吃饭时一般用金属筷子和勺。筷子主要用于夹菜,勺子用于吃饭或喝汤。在韩国,用筷子吃饭是不合规矩的。

❶ -(으)ㄹ까요? ①
❷ -하고 ②
❸ -고

❶ -(으)ㄹ까요? ① : (我们) 动词 + 好吗?/(我们)动词 + 可以吗?询问对方的意图。

▶ 主语是包括听话人的"我们"的时候，询问对方的意向。主语通常被省略。

例 갈까요? (一起走好吗?)

▶ "-(으)ㄹ까요?"与动词、"있다"的词干连用(但是，仅限于"있다"表示"在"的意思的时候)。无韵尾时，后面接"-ㄹ까요?"，有韵尾时，后面接"-을까요"。

보다 : 보 -ㄹ까요? → 볼까요?
먹다 : 먹 -을까요? → 먹을까요?

例 ① 같이 영화를 <u>볼까요</u>? (我们一起看电影好吗?)

② 같이 점심을 먹<u>을까요</u>? (我们一起吃午饭好吗?)

注意!

① **"ㄷ" 不规则动词**
词干以"ㄷ"为韵尾的"ㄷ"不规则动词，在元音前面"ㄷ"变为"ㄹ"。与"-을까요?"连接时，"ㄷ"的不规则动词将"ㄷ"变为"ㄹ"。

걷다 : 걷 -을까요? → 걸을까요?

② **"ㄹ" 不规则动词**
动词的词干以"ㄹ"结尾时，"ㄹ"脱落，然后在词干的元音后接"-ㄹ까요?"。

만들다 : 만드 -ㄹ까요? → 만들까요?

例 ① 좀 걸을까요? (我们走走好吗?)

② 같이 음식을 만들까요? (我们一起做菜好吗?)

还有…

接受对方的建议时，用"-아/어/여요"。

例 ① A : 같이 영화를 볼까요? (我们一起看电影好吗?)
　　 B : 네, 좋아요. 봐요. (好的，看吧。)

② A : 커피 마실까요? (我们喝咖啡好吗?)
　　 B : 네, 마셔요. (好的，喝吧。)

❷ -하고 ② : 跟+(名词)+一起。

▶ "-하고"具有表示并列的意思,但是在这里表示"和~一起"的意思。

例 친구하고 극장에 갔어요. (和朋友一起去剧场了。)

❸ -고 : 用于动词/形容词的词干后,表示并列。

▶ 用于动词/形容词,以及"이다/아니다","있다/없다"的词干后,不管前接词的词干有无韵尾,"-고"的形态不发生变化。

例 ① 소라 씨는 텔레비전을 보고 미나 씨는 공부해요. (索拉在看电视,美娜在学习。)

② 이 사전이 작고 가벼워요. (这个词典既小又轻。)

▶ "-고"连接两个以上的动作、行为、状态等,表示单纯的罗列。这时,句子谓语的主语可以相同,也可以不同。

例 ① 친절하고 똑똑해요. ((他/她)既亲切,又聪明。)

② 앤디 씨가 기타를 치고 미나 씨가 노래해요. (安迪弹吉他,美娜唱歌。)

▶ 句子表示过去或将来时,"-고"前面的词(谓语)的词干不发生形态变化,而是后面的词的形态发生变化。也就是说,整个句子的时间关系,是由最后一个谓语成分的时间语尾来表示。

[动词] 책을 읽었어요. 그리고 텔레비전을 봤어요.
→ 책을 읽고 텔레비전을 봤어요.

책을 읽을 거예요. 그리고 텔레비전을 볼 거예요.
→ 책을 읽고 텔레비전을 볼 거예요.

[形容词] 피곤했어요. 그리고 배 고팠어요.
→ 피곤하고 배 고팠어요.

例 ① 어제 이리나 씨는 책을 **읽고** 텔레비전을 **봤어요**. (昨天伊丽娜看完书又看了电视。)

② 내일 이리나 씨는 책을 **읽고** 텔레비전을 **볼 거예요**. (明天伊丽娜会看书,还会看电视。)

③ 작년 여름에는 **덥고** 비가 많이 **왔어요**. (去年夏天很热,也下了很多雨。)

文化与常识

今天我买单

Q:在外面就餐时,韩国人为什么不各付各的?

A:在韩国,大家外出就餐时,通常由一个人买单。许多韩国人不喜欢AA制,因为他们觉得这是一种不体面的自私的行为。韩国人认为自己请客招待别人或者被招待就会再增加一次聚会的机会,并且认为这样做有助于增进友谊。通常大家在外面一起吃饭时,提出吃饭的人或年龄最大的人要买单。朋友之间则轮流付账,比如说,我付今天的午饭钱,我的朋友就付明天的。虽然时下很流行各付各的,但最好事先搞清楚大家通常是如何做的。因为也有事先约好决不AA制的朋友。

第6课

❶ 못
❷ -아/어/여서 ①
❸ -(으)려고 해요

❶ 못：不能。用于动词的否定。

▶ 副词"못"在动词的前面，表示不可能，强烈的否定或者拒绝。"-지 못하다"表示与"못"相同的意思。"못"和"-지 못하다"都与动词连用，但"못"后面接动词，而"-지 못하다"则接在动词的词干后面。"-지 못하다"通用于有无韵尾的情况。

例 ① 파티에 **못** 가요. (我无法参加晚会。)

② 파티에 가**지 못해요**. (我无法参加晚会。)

* ①和②语义相同，但①带有口语色彩。

注意!
像"안"一样，"못"用在动词的前面。但，如"공부하다(功夫하다)"等，由"2个字以上的汉字词+하다"组成的动词，"못"要用在"하다"的前面。

例 ① A：친구를 만났어요? (见到朋友了吗?)
　　B：아니요, **못** 만났어요. (没有，见不到了。)

② A：숙제했어요? (作业做了吗?)
　　B：아니요, 숙제 **못** 했어요. (没有，没做。)

❷ -아/어/여서 ①：因为 ~。

▶ "-아/어/여서"表示原因和理由的词尾。

例 배가 아파서 병원에 갔어요. (因为肚子痛，所以去医院了。)
　　理由 ↵　　　↳ 行动 / 事实

▶ "-아/어/여서"接在动词、形容词"이다/아니다"、"있다/없다"的词干后。当词干以"ㅏ"或"ㅗ"结尾时，后面接"-아서"，当词干以"ㅏ"或"ㅗ"之外的元音结尾时，后面接"-어서"。动词为"하다"时，后面接"-여서"，而且"하여"可以缩略成"해"。

비싸다　：비싸　-아서 → 비싸서
먹다　　：먹　　-어서 → 먹어서
피곤하다：피곤하 -여서 → 피곤해서

注意!

① "으"不规则动词/形容词

当动词/形容词的词干以"으"结尾，而且其后面接原因"ㅏ"或"ㅓ"时，"으"音节的元音"ㅡ"将被脱落。

바쁘다 : 바쁘 -아서 → 바빠서

② "ㄷ"不规则动词

词干以"ㄷ"为韵尾的"ㄷ"不规则动词，在元音前面"ㄷ"变为"ㄹ"。与"-아/어/여서"连接时，"ㄷ"的不规则动词将"ㄷ"变为"ㄹ"。

걷다 : 걷 -어서 → 걸어서

③ "ㅂ"不规则动词/形容词

词干以"ㅂ"为韵尾的"ㅂ"不规则动词/形容词，在元音前面"ㅂ"变为"우"。与"-아/어/여서"连接时，"ㅂ"的不规则动词/形容词将"ㅂ"变为"우"。

덥다 : 덥 -어서 → 더워서

④ "르"不规则动词/形容词

当动词/形容词的词干以"르"结尾，而且其后面接原因"ㅏ"或"ㅓ"时，"르"音节的元音"ㅡ"将被脱落，而"ㄹ"加入到其前面的音节中，然后，词干和元音"ㅏ"或"ㅓ"之间又新增一个"ㄹ"。

모르다 : 모르 -아서 → 몰라서

例 ① 바빠서 극장에 안 가요. (因为忙，所以不去电影院。)

② 많이 걸어서 다리가 아파요. (走了很多路，所以腿疼。)

③ 더워서 문을 열었어요. (天热，所以打开了门。)

④ 몰라서 선생님한테 물어봤어요. (我不懂，所以问了老师。)

▶ 表示过去或将来(推测, P.15)时，"-아/어/여서"后面的谓语(动词/形容词)形态发生变化，而"-아/어/여서"前面的谓语形态不发生变化。也就是说，"-아/어/여서"前面的谓语，总是以现在时的形式出现。

비싸요　　　-아서 → 비싸서 안 사요.
비쌌어요　　-아서 → 비싸서 안 샀어요.
비쌀 거예요 -아서 → 비싸서 안 살 거예요.

例 ① A : 왜 안 샀어요? (你为什么没买它?)
　　B : 비싸서 안 샀어요. (太贵了，所以我没有买。)

② A : 왜 내일 학교에 안 올 거예요? (你为什么明天不打算来学校呢?)
　　B : 일이 있어서 학교에 안 올 거예요. (有事，所以我不打算来学校。)

注意!

"-아/어/여서"不能用于命令句("-(으)세요")或者共动句("-(으)ㄹ까요")中。

例 ① 바빠서 내일 가세요.(×) → 바쁘니까 내일 가세요. (○)
　　　　　　　　　　　　　　(因为忙，所以请你明天去。)

② 바빠서 내일 갈까요?(×) → 바쁘니까 내일 갈까요? (○)
　　　　　　　　　　　　　　(因为忙，所以明天去怎么样?)

❸ -(으)려고 해요 : **打算做，计划做，希望做。**

▶ 用于表达说话人的意图，或者将要打算做的事情。接在动词词干后面，如果动词词干以元音结尾，用"-려고 해요"，如果动词词干以辅音结尾，则用"-으려고 해요"。

가다 : 가 -려고 해요 → 가려고 해요
찾다 : 찾 -으려고 해요 → 찾으려고 해요

例 ① 내일 극장에 가<u>려고 해요</u>. (明天打算去剧院。)

② 은행에서 돈을 찾<u>으려고 해요</u>. (打算去银行取钱。)

注意!

① **"ㄷ"不规则动词**
词干以"ㄷ"为韵尾的"ㄷ"不规则动词，在元音前面"ㄷ"变为"ㄹ"。与"-으려고 해요"连接时，"ㄷ"的不规则动词将"ㄷ"变为"ㄹ"。

듣다 : 들 -으려고 해요 → 들으려고 해요

② **"ㄹ"不规则动词/形容词**
动词词干韵尾为"ㄹ"的时候，动词词干后接"-려고 해요"。

만들다 : 만들 -려고 해요 → 만들려고 해요

例 ① 음악을 들으려고 해요. (想听音乐。)

② 서울에서 살려고 해요. (我打算在首尔生活。)

文化与常识

隆重的生日宴会

Q : 我参加了一个朋友爷爷的70大寿。在韩国通常过生日都这么隆重吗?
A : 在韩国，有两个非常重要的生日。第一个是1岁生日，第二个是61岁生日。近些年，很多人认为满60岁还不算老，所以过70岁大寿(满69岁)的人越来越多。在韩国，60岁大寿(满60岁)一般称为"회갑연"，(花甲宴)70岁大寿(满69岁)称为"고희연"(古稀宴)。

*韩国人的年龄，一般指虚岁。刚生下来就一岁，以后每过一年加一岁。

❶ -아/어/여 봤어요
❷ -아/어/여 주세요

---

❶ -아/어/여 봤어요：曾经做过，试过。表示尝试做过某事，或经历过某事。

▶ "-아/어/여 봤어요."用于动词的词干后面，表示一个人过去的经历。

가다 : 가 -아 봤어요 → 가 봤어요
먹다 : 먹 -어 봤어요 → 먹어 봤어요
하다 : 하 -여 봤어요 → 해 봤어요

例 ① 제주도에 **가 봤어요**. (我去过济州岛。)

② 인삼을 먹**어 봤어요**. (我吃过人参。)

③ 한번 **해 봤어요**. (我做过一次。)

注意！
动词"보다(看)"不能和"-아/어/여 봤어요"连用，而直接单独用"봤어요"。

보다 : 보 -아 봤어요 → 봐 봤어요. (×) → 봤어요. (○) (看过。)

---

❷ -아/어/여 주세요：请(为我)~做点什么。表示请求。

▶ "-아/어/여 주세요"表示礼貌地请求或命令某人为说话人做某事。"-아/어/여 주세요"与动词连用，当词干以"ㅏ"或"ㅗ"结尾时，后面接"-아 주세요"，当词干以"ㅏ"或"ㅗ"之外的元音结尾时，后面接"-어 주세요"。在动词"하다"的后面，则接"-여 주세요"，而且"하여"可以缩略成"해"。

닫다 : 닫 -아 주세요 → 닫아 주세요
읽다 : 읽 -어 주세요 → 읽어 주세요
하다 : 하 -여 주세요 → 해 주세요

例 ① 문을 닫**아 주세요**. (请关门。)

② 이 책을 읽**어 주세요**. (请读这本书给我听。)

③ **해 주세요**. (请为我做。)

注意！
① "으" 不规则动词
当动词的词干以"으"结尾，而且其后面接原因"ㅏ"或"ㅓ"时，"으"音节的元音"ㅡ"将被脱落。

쓰다 : 쓰 -어 주세요 → 써 주세요

② "ㄷ"不规则动词

词干以"ㄷ"为韵尾的"ㄷ"不规则动词，在元音前面"ㄷ"变为"ㄹ"。与 -아/어/여 주세요"连接时，"ㄷ"的不规则动词将"ㄷ"变为"ㄹ"。

듣다 ： 듣 -어 주세요 → 들어 주세요

③ "르"不规则动词

当动词的词干以"르"结尾，而且其后面接原因"ㅏ"或"ㅓ"时，"르"音节的元音"ㅡ"将被脱落，而"ㄹ"加入到其前面的音节中，然后，词干和元音"ㅏ"或"ㅓ"之间又新增一个"ㄹ"。

부르다 : 부르 -어 주세요 → 불러 주세요

例 ① 전화번호를 써 주세요. (请把电话号码写给我。)

② 제 이야기 좀 들어 주세요. (请听我说。)

③ 전화로 택시를 불러 주세요. (请打电话给我叫辆出租车。)

文化与常识

邻居的 떡(糕)

Q：新搬来的邻居给了我一些粘糕(떡)，这有什么特别的意义呢？

A：首尔是个大城市，但是很多人仍遵循韩国传统风俗习惯。韩国传统文化中，食物被视为民生之根本，因此，无论是城市还是乡村，都有着互相分享食物的习俗。韩国人新开张或搬家的时候，给周围的人分发"팥시루떡"(小豆蒸糕)，它是用小红豆做的，古人认为红色具有驱鬼避邪的力量。这种为驱走厄运，减少烦恼而给周围人分发"小豆蒸糕"的习俗一直流传到现在。

 第8课　❶ -보다 (더)
　　　　　❷ 제일

❶ -보다 (더)：比(更)

▶ "-보다 (더)"用于比较两个事项。把"-가/이"前的名词，同"-보다"前的名词作比较。"-보다"接在名词后，"더"接在"보다"后，比较的意思更强。

| 主语 | 가/이 | 名词 | 보다 (더) | 动词 / 形容词 |

例 ① 캐나다**가** 한국**보다 (더)** 커요. (加拿大比韩国(更)大。)

② 한국말**이** 영어**보다 (더)** 어려워요. (韩文比英文(更)难。)

> **注意!**
> "더"也可以不与"보다"连用,也就是说可以独立使用。
>
> 例　A : 코지 씨하고 토니 씨 중에서 누가 **더** 커요? (康治和托尼相比,谁更高?)
> 　　B : 토니 씨가 **더** 커요. (托尼更高。)

> **还有…**
> 比较的两个事项的句子里的位子可以换。接着"-보다"的名词是被比较的对象。
>
> 例　한국보다 캐나다가 더 커요. (比起韩国加拿大更大。)
> 　　= 캐나다가 한국보다 더 커요. (加拿大比韩国更大。)

❷ 제일 : 最

▶ 用于形容词或副词的前面,表示三个或三个以上的比较事项中程度最深。

例　① 이 방이 **제일** 커요. (这个房间最大。)

　　② 이 사진이 **제일** 멋있어요. (这张照片最漂亮。)

　　③ 미나 씨가 아침에 **제일** 일찍 일어나요. (美娜早上起得最早。)

　　④ 앤디 씨가 숙제를 **제일** 빨리 했어요. (安迪作业做得最快。)

> **注意!**
> "제일"常常与动词"좋아하다,싫어하다"一起使用。
>
> 例　① 여행을 제일 좋아해요. (最喜欢旅行。)
>
> 　　② 숙제를 제일 싫어해요. (最讨厌做作业。)

▶ "-중에서"表示比较事项的范围。"在……中,在……里"。"-중에서"不能和表示场所的"-에서"连用。而且"-에서"只能出现一次。

한국에서 건물 중에서(×) → 한국의 건물 중에서(○)(在韩国的建筑物中)
세계에서 산 중에서(×)　→ 세계의 산 중에서(○)(在世界的山中)

例　① 우리 반 학생 <u>중에서</u> 누가 제일 키가 커요? (谁是我们班最高的人?)

　　② 한국<u>에서</u> 63빌딩이 제일 높아요? (在韩国63大楼最高吗?)

　　③ 세계<u>에서</u> 제일 높은 산이 뭐예요? (世界上最高的山是什么山?)

> **还有…**
>
> "잘하다"本来是"잘(副词)"和"하다(动词)"之间隔写,但现在变成一个单词,不隔写。像"좋아하다/싫어하다"一样,跟"제일"常常一起使用。
>
> **例** 미나 씨가 노래를 **제일** 잘해요. (美娜唱歌的最好。)

文化与常识

韩国辣白菜

Q：韩国人很喜欢吃辣白菜,辣白菜从什么时候起变得那么辣呢?

A：据说,古时候韩国的泡菜大都是淡泡菜。淹泡菜虽然在三国时期已经很盛行,但那时的泡菜一般只用盐、葱、蒜、姜、卤细虾酱等,而不用辣椒粉。辣椒粉是17世纪以后从日本传到韩国的。据说是先从印度传到日本,再传到韩国的。从什么时候起泡菜里放辣椒粉,没有确切的纪录。但是17世纪以后已经广泛流传于百姓之间,这样自然而然产生了辣白菜文化。

불규칙 동사/형용사 不规则动词·形容词

❶ "ㄷ"不规则动词

▶ 当一个动词词干以"ㄷ"为韵尾,并且后面接以元音起头的词尾时,"ㄷ"变为"ㄹ"。

듣다 : 듣 -어요   → 들어요
　　　 -었어요   → 들었어요
　　　 -을 거예요 → 들을 거예요

	后面出现元音时韵尾 ㄷ→ㄹ	后面出现辅音时
듣다 (听)	들어요	듣고 싶어요
묻다 (问)	물어요	묻고 싶어요
걷다 (走)	걸어요	걷고 싶어요

注意!
"닫다"(闭)"받다"(接受)"믿다"(相信)是规则动词,所以即使词尾是元音,其形式不变。

❷ "ㄹ"不规则动词/形容词

▶ 以"ㄹ"结尾的动词/形容词词干的后面接"ㄴ, ㅂ, ㅅ"时,其词干的"ㄹ"将脱落。

살다 : 살 -세요   → 사세요
알다 : 알 -ㅂ니다 → 압니다
길다 : 길 -ㄴ   → 긴 치마

例 ① 지금 어디에서 사세요? (你现在住哪儿?)

　　② 할 줄 압니다. (我会做。)

　　③ 긴 치마를 입어요. (我穿长裙。)

"ㄹ"不规则动词	-(으)세요	-(스)ㅂ니다
살다 (住/生活)	사세요	삽니다
알다 (知道)	아세요	압니다
만들다 (做/制造)	만드세요	만듭니다
놀다 (玩耍)	노세요	놉니다

"ㄹ"不规则形容词	-(으)세요	-(스)ㅂ니다	-(으)ㄴ
멀다 (远)	머세요	멉니다	먼
길다 (长)	기세요	깁니다	긴

❸ "ㅂ" 不规则动词/形容词

▶ 当动词或者形容词词干以 "ㅂ" 结尾,并且与元音相连接时,"ㅂ" 变成 "우"。这个ㅂ不规则音变的语尾变为"어요"。

쉽다 : 쉽 -어요 → 쉬우 -어요 → 쉬우어요 → 쉬워요
춥다 : 춥 -어요 → 추우 -어요 → 추우어요 → 추워요

以ㅂ结尾的不规则音变的形容词	
쉽다 (简单)	쉬워요
어렵다 (难)	어려워요
춥다 (冷)	추워요
덥다 (热)	더워요

注意!

"돕다"是个例外。"돕"的" "ㅂ" 变为 "오",然后再加 "-아요"。

돕다(帮助) : 돕 -아요 → 도오 -아요 → 도오아요 → 도와요

还有…

"입다(穿)" "좁다(窄)"是规则动词,词干不发生变化。

입다 : 입 -어요 → 입어요

❹ "르" 不规则动词/形容词

▶ 当动词/形容词的词干以 "르" 结尾,而且其后面接元音 "ㅏ" 或 "ㅓ" 时,"르" 音节的元音 "ㅡ" 将被脱落,而 "ㄹ" 加入到其前面的音节中,然后,词干和元音 "ㅏ" 或 "ㅓ" 之间又新增一个 "ㄹ"。

모르다(不知道) : 모르 -아요 → 몰ㄹ -아요 → 몰라요
부르다(叫)   : 부르 -어요 → 불ㄹ -어요 → 불러요

例 ① 지하철이 빨라요. (地铁很快。)

② 앤디 씨 이메일 주소를 몰라요. (我不知道安迪的电子邮箱地址。)

르不规则动词		르不规则形容词	
모르다(不知道)	몰라요	빠르다(快)	빨라요
부르다(叫, 唱)	불러요	다르다(不同)	달라요

课文句式和单词

< ● = 名词　　■ = 动词　　▲ = 形容词　　□ = 句式　　◆ = 其他 >

第 1 课

형용사   形容词
- ▲ 가깝다   近
- ↔ 멀다   远
- ▲ 길다   长
- ↔ 짧다   短
- ▲ 높다   高
- ↔ 낮다   低
- ▲ 덥다   热
- ↔ 춥다   冷
- ▲ 많다   多
- ↔ 적다   少
- ▲ 맛있다   好吃
- ↔ 맛없다   不好吃
- ▲ 비싸다   贵
- ↔ 싸다   便宜
- ▲ 빠르다   快
- ↔ 느리다   慢
- ▲ 어렵다   难
- ↔ 쉽다   容易
- ▲ 작다   小
- ↔ 크다   大
- ▲ 재미있다   有意思
- ↔ 재미없다   没意思
- ▲ 좋다   好
- ↔ 나쁘다   不好

대화   会话
- ● 경치   景色
- ● 날씨   天气
- ● 바다   海
- ● 박물관   博物馆
- ● 휴가   假期
- ■ 낚시하다   钓鱼
- ■ 드라이브하다   开车兜风
- ■ 스쿠버다이빙을 하다   赤身潜水
- ▲ 깨끗하다   干净
- ▲ 아름답다   美丽
- ◆ 출장을 가다   出差
- □ 다른 약속이 있어요.   有其他的约会。
- □ 알겠어요.   知道了。
- □ A : 정말 미안해요.
  B : 아니에요.
  A : 很抱歉。
  B : 没关系。

읽고 말하기   读和说
- ● 가족   家庭, 家人
- ● 생활   生活
- ● 어머니   妈
- ● 하숙집   寄宿家庭
- ● 학기   学期
- ■ 돌아가다   回去
- ■ 연습하다   练习
- ■ 이사하다   搬家
- ▲ 불편하다   不方便
- ▲ 친절하다   亲切
- ◆ 왜냐하면   因为
- □ 그때 만나요.   那时见。
- □ 보고 싶어요.   想念(你)。
- □ 잘 지내요.   过得很好。

듣고 말하기   听和说
- ● 유럽   欧洲
- ◆ 구경을 하다   观赏
- ◆ 나중에   然后
- ◆ 또   又
- ◆ -만   只
- ◆ 배를 타다   坐船
- ◆ 혼자   一个人自己
- □ 여행 잘 다녀오세요.   旅途愉快。

第 2 课

과일   水果
- ● 딸기   草莓
- ● 배   梨
- ● 사과   苹果
- ● 포도   葡萄

옷/소품　　　　衣服/小物品
- 구두　　　　　皮鞋
- 모자　　　　　帽子
- 바지　　　　　裤子
- 안경　　　　　眼镜
- 운동화　　　　运动鞋
- 지갑　　　　　钱包
- 치마　　　　　裙子
- 티셔츠　　　　T恤

쇼핑　　　　　　购物
- 다른 색은 없어요?
　　　　没有其他颜色吗?
- 다음에 다시 올게요.
　　　　(我)下次再来吧.
- 바지 좀 보여 주세요.
　　　　请给我看一下裤子.
- 얼마예요?　　多少钱?
- 여기요.　　　这里。给你.
- 이거 주세요.　给我这个.
- 카드로요.　　用卡.
- 사과 10,000원어치 주세요.
　　　　请给我10000韩元的苹果.

대화　　　　　　会话
- 맞다　　　　　合适
- 신다　　　　　穿(鞋)
- 쓰다　　　　　戴(帽)
- 입다　　　　　穿(衣服)
- 가볍다　　　　轻
- 무겁다　　　　重

읽고 말하기　　读和说
- 냄새　　　　　味儿
- 머리　　　　　头
- 비빔밥　　　　拌饭
- 이쪽　　　　　这边
- 물어보다　　　问
- 같다　　　　　一样
- 예쁘다　　　　漂亮
- 유명하다　　　有名
- 계속　　　　　继续

- 모두　　　　　都
- 혹시　　　　　或许
- 뭐 드시겠어요?
　　　　您想吃什么?
- A: 몇 분이에요?
　B: 한 명이에요.
　　　　A: 几位?
　　　　B: 一个人.

듣고 말하기　　听和说
- 색　　　　　　颜色
- 카드　　　　　(信用)卡
- 현금　　　　　现金
- 너무　　　　　太
- 긴 바지　　　 长裤子
- 짧은 바지　　 短裤子
- 마음에 들다　 满意, 喜欢上
- 죄송합니다.　 对不起.

第 3 课

몸　　　　　　　身体
- 귀　　　　　　耳朵
- 눈　　　　　　眼睛
- 다리　　　　　腿
- 머리　　　　　头
- 목　　　　　　嗓子, 脖子
- 무릎　　　　　膝盖
- 발　　　　　　脚
- 배　　　　　　肚子
- 어깨　　　　　肩膀
- 이　　　　　　牙
- 입　　　　　　嘴
- 코　　　　　　鼻子

건강　　　　　　健康
- 내과　　　　　内科
- 두통약　　　　头痛药

- 약　　　　　药
- 치과　　　　牙科
- 낫다　　　　痊愈
- 아프다　　　生病
- 감기에 걸리다　感冒
- 건강이 안 좋다　身体不好
- 병원에 가다　去医院
- 약을 먹다　　吃药
- 열이 나다　　发烧
- 빨리 나으세요.　祝你早点康复.
- 어디 아프세요?　哪儿不舒服吗?
- 얼굴이 안 좋으세요.
　　　　　　　脸色不太好.
- 푹 쉬세요.　好好休息吧.

존댓말　　　敬语
- 계시다　　　在
- 드시다　　　吃, 喝
- 말씀하시다　说
- 잡수시다　　吃
- 주무시다　　睡

대화　　　　会话
- 음식　　　　饮食
- 일　　　　　工作
- 회의　　　　会议
- 꼭　　　　　一定
- 보통　　　　一般
- 아직　　　　还没
- 자주　　　　常常
- 그러세요?　是吗?
- 무슨 음식을 좋아하세요?
　　　　　　您喜欢什么菜?

읽고 말하기　读和说
- 간식　　　　零食
- 거실　　　　客厅
- 데이트　　　约会
- 방　　　　　房间
- 부엌　　　　厨房
- 산책하다　　散步

- 다리미질을 하다
　　　　　　　熨衣服
- 모두　　　　都
- 이메일을 쓰다　写电子邮件
- 친한 친구　　好朋友
- 날씨가 좋아요.　天气好.
- 바람이 불어요.　刮风.
- 비가 와요.　下雨.

듣고 말하기　听和说
- 걱정하다　　担心
- 복습하다　　复习
- 괜찮다　　　没事
- 따뜻한 물　　温水
- 시험을 보다　考试
- 내일 학교에 꼭 오세요.
　　　　　　明天一定要上学.
- 들어오세요.　请进.
- 어떻게 해요?　怎么办?

第 4 课

스포츠　　　运动
- 농구하다　　打篮球
- 수영하다　　游泳
- 야구하다　　打棒球
- 축구하다　　踢足球
- 태권도를 하다　打跆拳道
- 골프를 치다　打高尔夫球
- 탁구를 치다　打乒乓球
- 테니스를 치다　打网球
- 스케이트를 타다
　　　　　　　滑冰
- 스키를 타다　滑雪

대화　　　　会话
- 가요　　　　韩国的流行音乐
- 외국　　　　外国

- 노래하다　　唱歌
- 안내하다　　向导
- 배우러 다니다　去( )学
- 일이 많다　　工作多
- 나중에 우리 같이 테니스 쳐요.
　　　　　有空一起打网球吧。
- 시간이 있을 때 뭐 하세요?
　　　　　有闲暇时做什么?
- 요즘 어떻게 지내세요?
　　　　　最近过得怎么样?
- 죄송합니다.　对不起。

읽고 말하기　　读和说
- 고등학교　　高中
- 자기소개서　自我介绍(自荐信)
- 전공　　　　专业
- 편지　　　　信
- 프로그램　　节目
- 운전하다　　开车
- 무역 회사　　贸易公司
- 물론　　　　当然
- 방학 때마다　每个假期
- 여러 가지　　各种各样
- 열심히 공부하다
　　　　　认真学习
- 학원에 다니다　上补习班
- 잘 부탁드립니다.
　　　　　请多多关照。

듣고 말하기　　听和说
- 테니스장　　网球场
- 퇴근　　　　下班
- 소개하다　　介绍
- 시작하다　　开始
- 친절하다　　亲切
- 소개해 주다　给( )介绍
- 신촌역 2번 출구
　　　　　新村地铁站2号出口
- 일찍　　　　早
- 그럼요.　　当然了。
- 내일 만나요.　明天见。

第 5 课

여가 활동　　休闲活动
- 관광하다　　观光
- 드라이브하다　开车兜风
- 등산하다　　登山
- 산책하다　　散步
- 게임을 하다　玩游戏
- 사진을 찍다　拍照
- 소풍을 가다　去郊游
- 술 한잔하다　喝酒
- 스키를 타다　滑雪
- 영화를 보다　看电影
- 저녁을 먹다　吃晚饭
- 차 한잔하다　喝茶
- 콘서트에 가다　去演唱会
- 탁구를 치다　打乒乓球
- 테니스를 치다　打网球
- 같이 점심 먹을까요?
　　　　　一起吃午饭怎么样?
- 차 한잔할까요?
　　　　　喝杯茶怎么样?

대화　　会话
- 동생　　　　弟弟, 妹妹
- 시험　　　　考试
- 도와주다　　帮助
- 준비하다　　准备
- 아르바이트하다　打工
- 글쎄요, 아직 잘 모르겠어요.
　　　　　哦, 还不太清楚。
- 왜요?　　　为什么?

읽고 말하기　　读和说
- 꽃　　　　　花
- 나무　　　　树木
- 봄　　　　　春天
- 선물　　　　礼物
- 우리　　　　我们

● 팀	组
■ 이기다	赢
■ 대답하다	回答
■ 받다	收
▲ 넓다	宽
◆ 그 다음에	然后
◆ 다 같이	大家一起
◆ 둘이서만	只两个人
◆ 맛있게	好吃地

듣고 말하기   听和说
● 계획	计划
● 남쪽	南方
● 섬	岛
● 인터넷	网络
■ 찾아보다	查询
▲ 유명하다	有名
▲ 특별하다	特别
◆ 비행기 표	飞机票
◆ 아직	还没
◆ 친구들	朋友们
◆ 특히	特别
□ 같이 찾아봐요.	一起查一下吧.
□ 그건 잘 모르겠어요.	
	那个, 不太清楚.
□ 아직 특별한 계획은 없어요.	
	还没有特别的计划.

이유	理由
◆ 감기에 걸려서	因为感冒
◆ 건강이 안 좋아서	
	因为身体不好
◆ 너무 피곤해서	因为太累
◆ 다른 약속이 있어서	
	因为有其他约会
◆ 머리가 아파서	因为头痛
◆ 바빠서	因为忙

◆ 배가 아파서	因为肚子疼
◆ 숙제가 많아서	因为作业多
◆ 시간이 없어서	因为没时间
◆ 시험이 있어서	因为有考试
◆ 일이 생겨서	因为发生事情

대화   会话
● 돈	钱
● 번역	翻译
● 서류	文件
● 표	票
■ 끝내다	把( )结束
■ 쉬다	休息
▲ 필요하다	需要
◆ 꼭	一定
◆ 다이어트를 하다	
	减肥
◆ 살이 찌다	变胖

읽고 말하기   读和说
● 경기	比赛
● 아저씨	大叔
● 축구	足球
● 팀	组
● A/S센터	维修中心
■ 고치다	修理
■ 돌아오다	回来
■ 이기다	赢
◆ 일찍	早
◆ 고장이 나다	出故障
◆ 기분이 좋다	心情好
□ 죄송합니다.	对不起.
□ 여섯 시까지 가겠습니다.	
	我会6点之前到.

듣고 말하기   听和说
● 공중전화	公用电话
● 길	路
● 동전	硬币
● 생일 카드	生日贺卡
▲ 늦다	迟到
◆ 보통	一般

- ◆ 가지고 오다　带来
- ◆ 길이 막히다　堵车
- ◆ 차가 많다　车多
- □ 그래서, 뭐요?　所以怎么了?
- □ 그런데요?　那怎么了?

第 7 课

음식　饮食
- ● 갈비　排骨
- ● 김치찌개　泡菜汤
- ● 불고기　烤肉
- ● 비빔밥　拌饭
- ● 삼겹살　五花肉
- ● 잡채　杂菜

재료　材料
- ● 간장　奖油
- ● 설탕　糖
- ● 참기름　香油
- ● 파　葱
- ● 마늘　蒜

요리 방법　料理做法
- ■ 굽다　烤
- ■ 넣다　放
- ■ 섞다　拌

맛　味道
- ▲ 달다　甜
- ▲ 맵다　辣
- ▲ 시다　酸
- ▲ 쓰다　苦
- ◆ 기름이 많다　油腻

대화　会话
- ● 숙제　作业
- ● 위치　位置

- ◆ 구경을 하다　观赏
- ◆ 이따가　等一会儿
- ◆ 이메일을 쓰다　写电子邮件
- □ 가르쳐 주세요.　请教我。
- □ 도와주세요.　请帮我。
- □ 말해 주세요.　请告诉我。
- □ 빌려 주세요.　请借给我。
- □ 안내해 주세요.　请给我做导游。
- □ 여기요.　这里。给你。
- □ 조금 이따가 도와줄게요. 　等一会儿我帮你。
- □ 추천해 주세요.　请推荐一下。

읽고 말하기　读和说
- ● 소고기　牛肉
- ● 요리　料理
- ■ 부탁하다　邀请
- ▲ 기쁘다　高兴
- ◆ 날마다　每天
- ◆ 먼저　首先
- ◆ 만들어 주다　做给
- □ 어떻게 만들어요?　怎么做?

듣고 말하기　听和说
- ● 배달　外送
- ● 약국　药店
- ● 한식집　韩国餐厅
- ■ 시키다　点(菜)
- ◆ 갖다 주다　带给
- ◆ 하나 더　再一个
- ◆ 한 그릇　一碗
- ◆ 혼자　一个人
- ◆ 2인분　2人份
- □ 참!　啊! (突然上起来的时候)
- □ 네? 왜요?　哦? 为什么?
- □ 음, 글쎄요.　哦, 让我想一想。
- □ 잠깐만요.　等一下。
- □ 지금 배달 돼요?　现在可以外送吗?

第 8 课

집   家
- 방   房间
- 위치   位置
- 하숙집   寄宿家庭
- 이사하다   搬家
- 가깝다   近
- 멀다   远
- 크다   大
- 작다   小
- 따뜻하다   温暖
- 춥다   冷
- 조용하다   安静
- 시끄럽다   吵

대화   会话
- 광고   广告
- 발음   发音
- 다르다   不一样
- 걸어서   走路
- 바로 앞   就在前面
- 방을 구경하다   看看房间
- 언제든지   什么时候都
- 인터넷을 하다   上网
- 그럼요.   当然了。
- 어서 들어오세요.   请进。
- 위치가 어디예요?   位置在哪里?

읽고 말하기   读和说
- 문화   文化
- 반   班
- 체육관   体育馆
- 학기   学期
- 이제   现在
- 자주   常常
- 세 달 전   3个月之前
- 마음에 들다   满意, 喜欢上
- 소개하다   介绍
- 지각을 하다   迟到

듣고 말하기   听和说
- 가격   价钱
- 공항   机场
- 기다리다   等
- 도착하다   到达
- 사다 주다   买给
- 출발하다   出发
- 두꺼운 옷   厚衣服
- 아이들   孩子们
- 한국 시간   韩国时间
- 그때 봐요.   到时见。
- 정말요?   真的吗?
- 준비 다 했어요?   准备好了吗?
- 참!   啊! (突然上起来的时候)

第 1 课

1. 저 (p.23)
▶ "저"是"나(我)"的谦让语。说话人用降低自己身份的方法来表示谦虚。

例
- 저하고 같이 가요. (和我一起走吧。)
- 앤디 씨는 저를 좋아해요. (安迪喜欢我。)
- 저한테 주세요. (请给我。)
- 저는 미나예요. (我是美娜。)
- 저도 알아요. (我也知道。)

2. -(으)로 ① (p.27)
▶ "-(으)로"用于体词(名词、代名词、量词等)后，表示动作的方向。

例
- 어디로 가요? (你去哪里?)
- 집으로 가요. (我回家。)

3. -한테(사람/동물) (p.27)
▶ "-한테"用于活动体名词或人称代名词后，表示动作所涉及的间接客体。有时相当于汉语的"给"。"-한테"必须用于人或动物，一般用于晚辈，或社会地位较低的人。

例
- 친구한테 이메일을 보냈어요. (我给朋友发了邮件。)
- 이 책을 앤디 씨한테 주세요. (请把这本书给安迪。)

4. -께(사람) (p.27)
▶ "-께(사람)"是"에게"和"한테"的尊敬语。一般用于父母、长辈、上司等需要尊敬的对象。

例
- 선생님께 인사해요. (向老师问好。)
- 할머니께 이야기했어요. (告诉奶奶了。)
- [편지에서] 보고 싶은 어머니께 (致亲爱的妈妈(在书信的开头，收件人))

5. -들 (p.27)

▶ "-들"用于名词、代名词后，表示复数。

> 例
> - 사람들이 많이 왔어요. (来了许多人。)
> - 친구들한테 이야기해요. (告诉朋友们。)

6. -은/는 ① (p.27)

▶ "-은/는"用于提出话题，以及对后续信息的强调。

> 例
> - 오늘은 날씨가 좋아요. (今天天气很好。)
> - 서울은 공원이 많아요. (首尔公园很多。)

还有…

"이/가"和"은/는"的差异

▶ "은/는"一般表示句子的主题或话题，是句子的已知信息部分。"이/가"一般表示句子的主语，是句子的新信息部分，往往是信息焦点。

> 例
> - 저 귀여운 사람이 미카코 씨예요? (那个可爱的女孩子就是美佳子吗?)
> - 미카코 씨는 서강대 5급 학생이에요. (美佳子是西江大学5级班的学生。)

7. -(으)ㄴ (p.27)

▶ "-(으)ㄴ"是修饰形词尾，接在修饰名词的形容词后面表示事物现在的状况和性质。

> 例
> - 예쁜 꽃을 샀어요. (买了漂亮的花。)
> - 작은 집에 살아요. (住在小房子里。)
> - 재미있는 영화를 보고 싶어요. (想看好看的电影。)

8. -도 (p.27)

▶ "-도"用于体词(名词、代名词、量词等)后，表示包含等意义。相当于汉语的"也"、"还"。"-도"与"-하다"系列动词(如：공부하다, 여행하다 等)连用的时候，可放在名词和动词之间。

> 例
> - 주말에 여행도 할 거예요. (周末还会去旅游。)(周末有各种活动，其中也包括旅游)
> - 공부도 해요. (也念书。)(做几种事情，其中也包括念书)

9. 누가 (p.28)

▶ "누가"是"누구(谁)+가(主格助词)"的缩略式。

例
- 누가 안 왔어요? (谁没来?)
- 누가 앤디 씨예요. (谁是安迪?)

10. -만 (p.31)

▶ "-만"用于体词(名词、代名词、量词等)或其他助词(如,"에""에서"等)词尾后面,表示从几个特定的行为、对象中只选择某一个。

例
- 미나 씨는 아침에 우유만 마셔요. (美娜早上只喝牛奶。)
- 주말에 집에만 있어요. (我周末只呆在家里。)
- 건물 밖에서만 담배를 피울 수 있어요. (只能在建筑物外面吸烟。)

11. 어느 (p.31)

▶ "어느"表示不确定的人、物、事、时间、地点等的修饰词。相当于汉语的"哪个"。

例
- 어느 것이 더 싸요? (哪个更便宜?)
- 어느 회사에서 일하고 싶어요? (你想在哪个公司上班?)

12. -에 (p.39)

▶ "-에"接在表示数量金额等的名词后面,表示一定的基准。相当于汉语的"每"、"平均"。

例
- A: 이 사과가 한 개에 얼마예요? (这苹果一个多少钱?)
  B: 한 개에 1,000원이에요. (一个一千块。)
- 이 빵은 1,000원에 다섯 개예요. (这面包一千块五个。)

注意!

"-에" ①的例子(西江韩国语1A, 准备课4):
서울이 한국에 있어요. (首尔在韩国。)

"-에"②的例子(西江韩国语1A, 2课)：
앤디 씨가 친구 집에 가요. (安迪去他朋友家。)
"-에"③的例子(西江韩国语1A, 2课)：
앤디 씨가 열두 시에 점심을 먹어요. (安迪12点吃午饭。)

13. 이/그/저 (p.41)

▶ "이/그/저"是指示代词。"이"指被提及的物体离说话人近，"그"指被提及的物体离听者近。"저"指被提及的物体离二者都远。"이"相当于汉语的"这、这个"，而"그/저"在汉语是用"那、那个"来表示。

例
- 이 가방 얼마예요? (这个包多少钱?)
- 그 볼펜 누구 거예요? (那支圆珠笔是谁的?)
- 저 사람 알아요? (你认识那个人吗?)

14. 한번 (p.41)

▶ "한번"用于动词的前面，表示尝试做某事。通常与"动词 + 아/어/여 보다"相连。在这里"한번"不隔写。

例
- 한번 입어 보세요. (试穿一下。)
- 선생님한테 한번 물어보세요. (向老师问一下。)

注意!

▶ "한 번"(隔写), 表示行为或动作的次数，意为"一次"。

例
- 미나 : 그 사람을 몇 번 만났어요? (你见过那个人几次?)
- 소라 : 한 번 만났어요. (就一次。)

15. 어떤 ① (p.43)

▶ "어떤"相当于汉语的"什么样的, 怎样的"。

例
- 어떤 사람을 좋아해요? (你喜欢什么样的人?)
- 어떤 영화를 보고 싶어요? (你想看什么样的电影?)

16. 아니요 (p.44)

▶ "아니요"是表示否定或拒绝的惯用语句，相当于汉语的"不、不是的"。"아니요"的原形应该是"아니오"，但现在"아니요"用得普遍，韩国的教科书中也用"아니요"替代了"아니오"。尽管现在也有人使用"아니오"，但本教材采用"아니요"。

17. -(으)ㄹ게요 : 将要(做)。表示打算或约定。(p.49)

▶ 用于动词的词干, 表示话者决定或打算做某个行为。主语常是第一人称。动词的词干在有韵尾时后面接 "-(으)ㄹ게요", 没有韵尾时后面接 "-ㄹ게요"。

오다 : 오 ㄹ게요 → 올게요
먹다 : 먹 을게요 → 먹을게요

例 ① 내일 학교에 일찍 올게요. (我明天会早点儿来学校。)
② 점심을 빨리 먹을게요. (我会快点吃午饭。)
③ 집에 있을게요. (我会呆在家里的。)

注意!

▶ 动词的词干以辅音 "ㄹ" 结尾(如, "만들다" "살다" "놀다" 等)时, 辅音 "ㄹ" 将脱落, 后面再接 "-ㄹ게요"。

만들다 : 만드 ㄹ게요 → 만들게요

例 한국 음식을 만들게요. (我要做韩国食品。)

18. "ㅅ" 不规则动词 (p.65)

▶ 当动词的词干以韵尾 "ㅅ" 结尾 ("낫다" 等), 而且后面接 "-아/어/여요, -았/었/였어요" 等的时候, 动词词干的 "ㅅ" 脱落。

例 • 낫다(病好, 痊愈) : 감기가 다 나았어요. (我感冒都好了。)
• 짓다(盖, 建) : 이 빌딩은 언제 지었어요? (这个楼是什么时候建的?)
• 붓다(倒, 注) : 이 컵에 물을 부으세요. (请往这个杯子里倒水。)

19. 다음 주/지난주 (p.65)

▶ 下周/上周。"다음 주" 要隔写, 而 "지난주" 则不隔写。"이번 주(这周)" 也隔写。

例 • 다음 주에 시험이 있어요. (我下周有考试。)
• 지난주에 공부를 안 했어요. (我上周没学习。)

20. -(이)요? (p.65)

▶ "-(이)요?"用于名词后，对对方所说的话表示惊讶或反问。

例
- 미나 : 이 근처에 서점 있어요? (这附近有书店吗?)
  영수 : 서점요? (书店?)
- 미나 : 영수 씨, 저 내일 하와이에 가요. (永秀,明天我去夏威夷。)
  영수 : 네? 하와이요? (什么?夏威夷?)

还有…

▶ 实际对话中，如果名词是有韵尾的，那么一般用"요"代替"이요"。

例
- 미나 : 돈 있어요? (你有钱吗?)
  영수 : 돈요? (钱?)

第 4 课

21. 춤을 추다 (p.74)

▶ "춤을 추다"是由名词"춤(舞)"和动词"추다(跳)"结合而成的短语，表示"跳舞"。"잠(睡)"是由动词"자다(睡)"转成的名词。类似的还有"잠을 자다、꿈을 꾸다"等。"추다、꾸다"独立性极弱，通常与"춤"和"꿈"成对使用。而"자다"经常跟"잠"配对使用，但也可以独立使用。"춤을 추다, 잠을 자다, 꿈을 꾸다"的助词"을"可以省略。

例
- 춤을 추다 → 춤추다(跳舞)
- 잠을 자다 → 잠자다(睡觉)
- 꿈을 꾸다 → 꿈꾸다(做梦)

22. -은/는 ② (p.75)

▶ "-은/는"是表示对比/比较的助词。

例
- 저는 키가 커요. 그런데 제 동생은 키가 작아요. (我个子高,但是我弟弟个子矮。)
- 제 취미는 여행이에요. 앤디 씨 취미는 뭐예요? (我的爱好是旅行,你的爱好是什么?)
- 영수 : 요즘 어떻게 지내요? (最近你过的怎么样?)
  앤디 : 잘 지내요. 영수 씨는 어떻게 지내요? (我过得不错,你呢?)

23. -아/어/여요 (p.75)

▶ "-아/어/여요"表示劝说、劝诱。

例
- 우리 같이 영화 봐요. (我们一起看电影吧。)
- 영수 : 앤디 씨한테 물어볼까요? (我们问问安迪怎么样?)
  소라 : 네, 앤디 씨한테 물어봐요. (好的,问问安迪吧。)

还有…

▶ "-아/어/여요"根据上下文和语调可以表示陈述、疑问、请求、命令,但并不因此而改变自身形式。

例
- 학교에 가요. (我去学校。)(陈述)
- 학교에 가요? (你去学校吗?)(疑问)
- 학교에 가요. (去学校。)(命令)
- (우리)학교에 가요. (我们去学校吧。)(请诱)

24. -마다 (p.79)

▶ "-마다"用于名词后,表示"每回、每次、每个"等意思。

例
- 일요일마다 산에 가요. (我每周日去登山。)
- 학교마다 도서관이 있어요. (每个学校都有图书馆。)

25. -(으)로 ② (p.79)

▶ "-(으)로"表示工具、材料、手段等。"用……","以……"。

例
- '안녕하세요'를 중국어로 뭐라고 해요? ("안녕하세요"用汉语怎么说?)
- 이게 한국어로 뭐예요? (这个韩语怎么说?)

26. 제가 (p.83)

▶ "저"是"我"的自谦语,"가"是主格助词,二者连用时("저+가") 变成 "제가"。

例
- 안나 : 누가 청소했어요? (谁打扫的?)
  미나 : 제가 했어요. (我做的。)
- 미안하지만 제가 한국말을 잘 못해요. 조금 천천히 이야기해 주세요.
  (很抱歉,我的韩国语说得不好,请您说慢点。)

27. 아/어/여야 되다 (p.83)

▶ "-아/어/여야 되다"语法意义同 "-아/어/여야 하다"一样，相当于汉语的 "得……"，"必须……"。

例
- 내일까지 숙제를 해야 돼요. (到明天为止,我得把作业做完。)
- 오늘 오후에 병원에 가야 돼요. (今天下午我得去医院。)

28. -게 (p.97)

▶ "-게"接在形容词后构成副词。

例
- 재미있게 놀아요. (好好玩儿吧。)
- 머리를 짧게 잘랐어요. (把头发剪短了。)

29. -(이)서 (p.97)

▶ "-(이)서"主格助词,只接在固有数词后表示人数。

例
- 혼자서 여행 가요. (我一个人去旅行。)
- 둘이서 같이 해요. (两个人一起干。)
- 셋이서 같이 살아요. (三个人一起住。)

30. -는/은요? (p.101)

▶ "-는/은요?"用于体词(名词、代名词、量词等)后,表示 "(体词(名词、代名词、量词等))怎么样?"。相当于汉语的 "……呢?"。被对方提问后,再反问对方时,为省略重复说明部分而使用。

例
- 앤디 : 주말에 뭐 하셨어요? (你周末做了什么?)
  미나 : 수영장에 갔다 왔어요. 앤디 씨는요? (去游泳池了,安迪你呢?)
    (=앤디 씨는 뭐 하셨어요? (安迪你呢? 做什么了?))
  앤디 : 저는 친구와 영화를 봤어요. (我和朋友看电影了。)
- 선생님 : 방학 때 뭐 했어요? (你假期做了什么?)
  학생 : 여행을 했어요. 김 선생님은요? (我去旅行了,金老师您呢?)
    (=김 선생님은 방학 때 뭐 하셨어요? (金老师您呢? 假期做了什么?))

31. 배가 고프다 (p.107)

▶ "배가 고프다"(饿)是名词"배(肚子)"和形容词"고프다(饿)"结合的短语, 也可以缩略成"배고프다"(形容词)。"고프다"虽然是形容词, 但不能独立使用, 必须与"배"配对使用。"고프다"的反义词有"부르다(形容词, 饱)", 用法和"고프다"相同。

> 例
> - 배가 고프다 = 배고프다 (饿)
> - 배가 부르다 = 배부르다 (饱)

32. -까지 (p.115)

▶ "-까지"表示时间的终点(期限)。相当于汉语的"到~~"、"到~~为止"。

> 例
> - 학생 : 언제까지 숙제를 해야 해요? (作业应该什么时候做完?)
>   선생님 : 다음 주 월요일까지 하세요. (到下周一为止。)
> - 아침 아홉 시까지 학교에 오세요. (请在早晨九点之前来学校。)

33. -한테(서) (p.115)

▶ "-한테(서)"用于活动体名词或人称代词后, 表示动作、行为发生的出发点、来源、制定对象等。相当于汉语的"从……那儿"。"-한테서"的"서"可以省略。

> 例
> - 친구한테(서) 전화가 왔어요. (朋友打来了电话。)
> - 이 책은 앤디 씨한테(서) 받았어요. (那本书是从安迪那里得到的。)

34. "……"라고 하다 (p.136)

▶ "라고 하다"用于表示直接转述(引用)他人的话。

例
- 앤디 씨가 "사랑해요"라고 했어요. (安迪说:"我爱你。")
- 미나 씨가 "좋아해요"라고 했어요. (美娜说:"喜欢。")

35. -는데요/-(으)ㄴ데요 (p.142)

▶ "-는데요/-(으)ㄴ데요"用于给下一个陈述提供某种前提或背景。"-는데요"接于动词或"있다/없다"的词干后,"-ㄴ데요"接于形容词或"이다/아니다"的词干后。

例
- 오늘은 조금 바쁜데요, 내일 어때요? (今天有点忙,明天怎么样?)
- 앤디 : 우체국이 어디에 있어요? (邮局在哪儿?)
  소라 : 저기 오른쪽에 은행이 있는데요, 은행 옆에 우체국이 있어요.
  (那边儿,右边有家银行,邮局就在旁边。)

36. -지요? : 不是吗,吗,吧。表示确认,或征求同意。(p.143)

▶ "-지요?"接在动词、形容词的词干后面,用来表示说话人想通过一个事实或陈述来确认或征求听者的同意。

例
① 날씨가 좋지요? (天气不错吧?)
② 소라 씨가 참 친절하지요? (索拉很亲切吧?)
③ 숙제 다 했지요? (作业都做完了吧?)

37. -(으)로 ④ (p.151)

▶ "-(으)로④"表示"以……标准"。

> 例
> - 한국 오후 세 시는 중국 시간으로 오후 두 시예요. (韩国下午三点是中国的两点。)
> - 프랑스 오후 한 시는 한국 시간으로 저녁 아홉 시예요. (法国下午一点是韩国的晚上9点。)

注意!

▶ 在1A和1B中所学到的"-(으)로"的其它用法如下:

* -(으)로 가다 : 表示方向。
  이쪽으로 가세요. (请走这边。)(西江韩国语1A, 5课, p.112)

* -(으)로 가다 : 表示交通手段。
  지하철로 가요. (乘地铁去。)(西江韩国语1A, 6课, p.123)

* -(으)로 : 表示方向/目的地。
  도서관으로 가요. (到图书馆去。)(西江韩国语1B, 1课, p.4)

* -(으)로 : 表示手段(语言)
  이게 한국어로 뭐예요? (这个用韩语怎么说?)(西江韩国语1B, 4课, p.53)

* -(으)로 : 表示工具。
  볼펜으로 써요. (用圆珠笔写。)(西江韩国语1B, 4课, p.53)

课文(会话、阅读、听力)
:中文译文

第 1 课　　打算明天去旅游

<会话1> 22页

○ （承诺时）
任平　　：我周六打算去登山，你能一起去吗？
依丽娜　：好的，我们一起去吧。

× （拒绝时）
任平　　：我周六打算去登山，你能一起去吗？
依丽娜　：抱歉，我周六下午有其他约会。
任平　　：是吗，知道了。
依丽娜　：十分抱歉。
任平　　：没关系。

<会话2> 23页

安迪　　：这里是哪儿？　真漂亮。
苏拉　　：是济州岛。这次放假时我打算去济州岛旅行。
安迪　　：济州岛？　那边天气怎么样？
苏拉　　：挺好的。
安迪　　：是吗？　我也想去济州岛旅行。

<会话3> 24页

土安　　：苏珊，你什么时候放假？
苏珊　　：从这周五到下周二。
土安　　：假期你打算做什么？
苏珊　　：我打算去釜山旅行。
土安　　：是吗？你去釜山打算干什么？
苏珊　　：我打算拍照。

<阅读> 27页

亲爱的妈妈：
妈妈，您好吗？我在首尔挺好的。首尔的生活很有趣。我交了许多朋友。学习也很有趣。但寄宿家庭不是很方便，因为在寄宿家庭不能做饭。还有寄宿家庭离学校太远。因此，我下周打算搬家。我打算住在我朋友美娜的家。美娜是很好的朋友。她家人也很亲切。并且美娜的家离学校很近，步行只要5分钟。我想我在美娜家可以练习韩国语。同时还可以学一学如何做韩国料理。我想赶快搬到美娜那里。
妈妈，我很想您。还有一个月这学期就结束了，假期我打算回曼谷。到时见，拜拜。

　　　　　　　　　　　　　　　　　　　　　5月16日　　爱您的，婉。

<听力> 156页

安迪　：美娜,你假期打算做什么?
美娜　：我打算去欧洲旅行。
安迪　：你打算自己去吗?
美娜　：是的,我有个朋友在巴黎,所以我打算呆在他家里。
安迪　：你打算去巴黎做什么?
美娜　：我打算去那里的博物馆。
安迪　：博物馆?你还打算做什么?
美娜　：我还会在巴黎转转,还想去购物。
安迪　：你打算只逗留在巴黎吗?
美娜　：不,我还打算去意大利。
安迪　：你打算去意大利的哪些地方?
美娜　：威尼斯,我想坐威尼斯的长船。还要照很多相片。
安迪　：那以后给我看几张吧。
美娜　：当然。
安迪　：祝你旅行愉快。
美娜　：谢谢。

第  课　　试一试这件衣服

<会话1> 39页

大嫂　：欢迎您。
安迪　：我想买点苹果,怎么卖的?
大嫂　：3个5000韩元。
安迪　：好吃吗?
大嫂　：当然,真的很好吃。
安迪　：那给我一万韩元的。

<会话2> 40页

婉　　：能不能给我看一下电子词典?
店员　：电子词典? 这个怎么样?
婉　　：这个太大了,有没有小一点的。
店员　：那么,这个怎么样?
婉　　：好,给我这个吧。

<会话3> 41页

店员　　：欢迎光临。您需要什么？
美娜　　：能不能给我看一下裤子。
店员　　：这条裤子怎么样？ 试穿一下吧。
美娜　　：好的。
　　　　…… …… …… ……
美娜　　：怎么样？ 对我来说是不是有点大？
店员　　：不大。正好。

<阅读> 44页

店员　　　：您要点什么？
金相佑　　：给我一个拌饭。
店员　　　：几位？
依丽娜　　：一个人。
依丽娜　　：噢，人很多。是不是很有名的餐厅啊。(自言自语)
金相佑　　：哦，长头发，短裙子……。哦，很漂亮的女人啊。我喜欢漂亮的女人。(自)
依丽娜　　：大家都吃同样的菜。是不是很好吃的呢。(自)
金相佑　　：漂亮的女人一个人来了。没有男朋友吗？　(自)
依丽娜　　：菜的味道很香。我也想吃这个菜。(自)
金相佑　　：漂亮的女人看这边。(自)
依丽娜　　：我想知道这个菜的名字。(自)
金相佑　　：漂亮的女人一直看着我。是不是喜欢上我了？　(自)
依丽娜　　：哎，叫什么名字？
金相佑　　：哦。 我叫金相佑。
依丽娜　　：啊！ 这个菜的名字是金相佑吗？
金相佑　　：不是，不是。菜的名字是拌饭。

<听力> 156页

店员　　：欢迎光临。您需要什么？
美娜　　：给我看一下钱包。
店员　　：这个钱包怎么样？
美娜　　：有没有小一点的。
店员　　：那么，这个怎么样？
美娜　　：太大了。不好意思。下次再来吧。
　　　　…… …… …… ……
店员　　：找帽子吗？
美娜　　：是。
店员　　：漂亮的帽子很多。试戴一下吧。
美娜　　：这帽子多少钱？
店员　　：是15000韩元。
美娜　　：没有其他颜色吗？

| 美娜 | ：没有。 |
| 店员 | ：是吗？ 不太喜欢这个颜色。下次再来吧。 |

… … … … …

美娜	：哎。这条短裤子多少钱？
店员	：是38000韩元。
美娜	：长裤子呢？
店员	：是50000韩元。试穿一下吧。
美娜	：我喜欢长裤子。给我这个。
店员	：付现金还是刷卡？
美娜	：刷卡吧。
店员	：请签个名。这里。下次光临。
美娜	：嗯，再见。

第 3 课　　最近过得怎么样？

<会话1> 56页

同事	：苏珊，你看上去脸色不太好，哪里不舒服吗？
苏珊	：是，肚子疼。
同事	：吃药了没？
苏珊	：没有，还没吃。
同事	：那你一定要吃药。
苏珊	：是，知道了。谢谢。

<会话2> 57页

同事	：你哪儿不舒服吗？
苏珊	：是，我发烧。
同事	：是不是感冒了？
苏珊	：是，感冒了。
同事	：那今天早点回家吧。请好好休息。
苏珊	：好的。谢谢。

<会话3> 58页

珉秀	：什么时候来的韩国？
苏珊	：两个月前。
珉秀	：韩国的生活有意思吗？
苏珊	：是，有意思。
珉秀	：是吗？ 韩国朋友多吗？
苏珊	：是，很多。

<阅读> 61页

今天是礼拜天。在星期天早上,我们一家人通常去离我家很近的公园。我们在那儿散步、运动。但是今天天气不太好。下雨,还刮大风。所以我们就呆在家里。
我在写信。我有一个好朋友在西班牙读书。她在等我的信。我的姐姐在客厅里熨衣服。她下午有个约会。我父亲也在客厅里。他在看书。他很喜欢看书。我奶奶在她的卧室睡觉。近来奶奶身体不太好。我妈妈正在厨房。她在准备美味的点心。一会儿,我们会吃到美味的点心。

<听力> 157页

老师	:	请进!
安迪	:	您好,老师。
老师	:	你好,安迪。你上周怎么没来上课?
安迪	:	我病了。
老师	:	哪里不舒服吗?
安迪	:	发烧发得很厉害。而且嗓子也疼。
老师	:	你现在好了吗?
安迪	:	没有,嗓子还是有点疼。
老师	:	你有没有看医生?
安迪	:	有,去了我家附近的内科诊所。但还没治好。
老师	:	是吗?多喝点温水。还有好好休息。
安迪	:	是,知道了。
老师	:	另外,安迪,下周有考试。
安迪	:	考试?怎么办?我根本没学习。
老师	:	别担心,明天我们会复习课文的。安迪,你明天一定要来上课。
安迪	:	下周什么时候考试?
老师	:	下周一。
安迪	:	我知道了,老师,再见。
老师	:	再见。安迪。祝你快点康复。

第 4 课　　我会游泳

<会话1> 74页

美惠子	:	你闲暇时做什么?
安迪	:	我运动,或听音乐。
美惠子	:	你喜欢什么运动?
安迪	:	我喜欢跆拳道。

<会话2> 75页

汉斯	：苏珊,最近过得怎么样？
苏珊	：很好。最近我学网球。
汉斯	：是吗？
苏珊	：汉斯你会打网球吗？
汉斯	：是的,会呀。
苏珊	：那么下回我们一起打网球吧。
汉斯	：好的。

<会话3> 76页

老师	：汉斯,你昨天为什么没来上网球课？
汉斯	：我公司有太多事情要做,所以我得工作。
老师	：那你今天能来吗？
汉斯	：不行,今天也得工作。对不起。

<阅读> 79页

自我介绍

金志勋

我是金志勋。我想为西江贸易公司工作。我在大学学的是贸易专业。所以我每个假期都在贸易公司打工。

我会说流利的英语。我从高中的时候就努力学英语。大学1年级的时候在美国学了1年英语。还可以用英文写信。

我在一家日语学习班学过1年日语。所以我还可以讲日语。我还会电脑。我知道如何用电脑处理各种文书。当然,我还会开车。

我十分想为贵公司效力。请多多关照。

Tel 010-5561-1207
E-mail jhkim0815@gmail.com
金志勋 Kim, Ji-Hoon

<听力> 157页

婉	：汉斯,你现在去哪里？
汉斯	：去网球场。最近我学打网球。
婉	：啊,是吗？你什么时候开始学打网球的？
汉斯	：上个月。
婉	：你在哪里学网球？
汉斯	：在公司附近的网球场。
婉	：那网球场怎么样？
汉斯	：非常好,老师也很亲切。
婉	：你一周要去几次？
汉斯	：一周三次。
婉	：你平常都什么时候去？

汉斯：早晨一大早，或下班后去。怎么了？
婉　：我不会打网球，所以我也想学打网球。
汉斯：是吗？那么我们下次一起去吧。
婉　：好的。下次去的时候能给我介绍那里的老师吗？
汉斯：当然。婉，明天怎么样？
婉　：好的。一起去吧。几点见？
汉斯：哦，明天晚上六点在新村地铁站2号出口见吧。
婉　：好的。那明天见。

第 5 课　我们一起看电影好吗？

<会话1> 92页

任平：依丽娜，你下课后打算干什么？
依丽娜：哦，还没有主意。
任平：那我们一起去打乒乓球怎么样？
依丽娜：嗯，好的，我们一起去吧。

<会话2> 93页

安迪：苏拉，你明天有时间吗？
苏拉：是，有。
安迪：真的？那我们一起看个电影怎么样？
苏拉：好的，我们一起看电影，然后吃晚饭吧。

<会话3> 94页

安迪：美娜，你星期六忙吗？
美娜：有什么事吗？
安迪：我们一起看电影怎么样？我想和你去看电影。
美娜：抱歉，这个星期六我要打工。
安迪：是吗？那我们下次一起去吧。

<阅读> 97页

　　安迪昨天去参加春季郊游了。和他的朋友们去了蓝天公园。那里很大，有很多树。还有花也很美丽。
　　在那儿安迪吃了一顿可口的午餐，还在那里和朋友们聊了天。他在公园散步，又拍了照片。然后大家一起做游戏。安迪他们组赢了。因此他们得到了很多礼物。
　　美娜说，"安迪，蓝天公园非常好。我们下周六再来怎么样？"
　　安迪回答说，"好吧，但下次就我们两个人来吧。"

<听力> 158页

苏珊　：汉斯，这次放假你打算干什么？
汉斯　：哦，还没有什么特别的打算。苏珊你呢？
苏珊　：我打算和朋友一起去济州岛。
汉斯　：济州岛？那是什么样的地方？
苏珊　：那是一座非常有名的岛，位于韩国的南部。
汉斯　：济州岛好吗？
苏珊　：是的，景色十分美丽。特别是海景非常漂亮。
汉斯　：哦，是吗？我也想去那里看看。
苏珊　：那我们这次放假一起去怎么样？ 我跟朋友们说吧。
汉斯　：好的，那我们去干什么呢？
苏珊　：我们可以到处转转，还可以爬山。
汉斯　：飞机票多少钱？
苏珊　：哦，我也不太清楚，我们在网站上查怎么样？
汉斯　：好的，我们一起查吧。

第 6 课　　我不舒服，去不了啦

<会话1> 109页

安迪　：你昨天见你的朋友了？
美娜　：没有，没见。
安迪　：为什么没见？
美娜　：我朋友他太忙了，见不了。

<会话2> 110页

安迪　：我打算从明天开始在早上做运动。
美娜　：为什么？
安迪　：因为我这些日子身体情况不太好。
美娜　：是吗？ 那从明天起一定要做运动。

<会话3> 111页

同事　：苏珊，你做好文件了吗？
苏珊　：没有，还没做。
同事　：为什么？
苏珊　：我没有时间，做不了了。
同事　：那你打算什么时候做？
苏珊　：我打算3点之前做好。

<阅读> 115页

　　汉斯今天回家很早。今晚7点,电视上有一场足球比赛。比赛双方是韩国和德国。因为汉斯喜欢足球,所以他非常想看这场比赛。但是他的电视坏了。汉斯打电话给电器维修中心。
　　"先生,我的电视坏了。今天6点以前能来修它吗?"
　　"好的。6点过去吧。"
　　汉斯心情非常好。但是,他5:30接到了维修中心的电话。
　　"你好,这里是维修中心。汉斯,我十分抱歉。店里有很多其他事情,因此今天六点之前去不了了。"
　　"什么?那怎么办? 我今天晚上真的很想看足球比赛的。比赛双方是韩国和德国。"
　　"我也打算看那场比赛。"
　　……　……　……　……　……
　　汉斯能看了那场比赛。德国队赢了,所以他非常高兴。

<听力> 158页

美娜　：安迪,为什么来得怎么晚?
安迪　：对不起,美娜。因为堵车,所以晚了。
美娜　：安迪,星期五下午当然堵车嘛。为什么没坐地铁?
安迪　：公共汽车站离我家很近,所以我一般坐公共汽车。
美娜　：那为什么不给我打电话?
安迪　：对不起,美娜。我没带手机,所以不能打。
美娜　：安迪,路上公用电话也很多呀。
安迪　：对不起,美娜。我没带硬币,所以不能打。
美娜　：啊! 还有你为什么没来我的生日晚会?
安迪　：真的对不起,美娜。我肚子疼,所以没去。所以……
美娜　：所以,怎么了?
安迪　：今天本来我想带礼物来。
美娜　：然后呢?
安迪　：我没写生日贺卡……。
美娜　：无所谓了,安迪。
安迪　：但我有别的礼物。
美娜　：啊,是吗? 是什么?
安迪　：在这儿。
美娜　：哦? 在哪里?
安迪　：这里啊。我就是礼物。
美娜　：什么?

第 7 课　　我吃过韩国菜

<会话1> 126页

安迪　：苏拉，哦……。
苏拉　：怎么了，安迪，你说吧。
安迪　：我要用韩国语写电子邮件。请你帮我写电子邮件。
苏拉　：嗯，知道了。但是现在太忙了。等一会儿我帮你。
安迪　：谢谢。

<会话2> 127页

安迪　　：你好，请给我一杯水。
服务员　：好的。
安迪　　：这儿有什么好吃的?
服务员　：泡菜汤不错。
安迪　　：不辣吗?
服务员　：不辣。您尝尝吧。
安迪　　：是吗? 那给我泡菜汤吧。

<会话3> 128页

依丽娜　：安迪，你以前有没有吃过排骨吗?
安迪　　：吃过，你呢?
依丽娜　：我还没有。
安迪　　：是吗?　那么尝尝吧。
依丽娜　：好的，那你给我推荐一家好的餐厅吧，安迪。

<阅读> 131页

　　婉上个星期搬到朋友美娜的家了。所以她跟美娜的家人住在一起。通常大家一起吃晚饭。美娜的妈妈很会做菜，所以她每天都能吃很好吃的菜。昨晚她吃了烤肉。因为烤肉太好吃了，所以婉拜托美娜的妈妈。
　　"烤肉太好吃了。怎么做呢?　请教教我吧。"
　　今天下课后婉跟美娜的妈妈一起做烤肉。首先，在酱油里放入了糖、麻油、葱和蒜，然后搅拌。然后把这些调料放到肉里，等30分钟。然后烤肉。非常好吃。
　　美娜的妈妈说。
　　"婉，吃过杂菜吗?　下次教你们怎么做杂菜。"
　　因为能学到韩国菜，婉很高兴。她打算放假时在泰国给朋友们做韩国菜吃。

<听力> 159页

美惠子 ：志勋!
志勋　 ：嗯，怎么了?
美惠子 ：这附近有没有好吃的餐厅?
志勋　 ：哦，让我想一想。有没有去过首尔餐厅?
美惠子 ：没有，没去过。是韩国餐厅吗?
志勋　 ：没错，是韩国餐厅。泡菜汤和拌饭特别好吃。
美惠子 ：是吗？在哪儿?
志勋　 ：你知道Onnuri药店吗?
美惠子 ：嗯，知道。
志勋　 ：在Onnuri药店旁边。啊! 那家店可以外送。
美惠子 ：知道电话号码吗？告诉我吧。
志勋　 ：等一下。是705-7634。
美惠子 ：谢谢。

… … … … …

大叔　 ：喂，是首尔餐厅。
美惠子 ：现在可以外送吗?
大叔　 ：可以。您在哪儿?
美惠子 ：是三星公寓2栋904号。送拌饭一个。
大叔　 ：拌饭一个不能外送。
美惠子 ：我一个人吃的。送一下吧。
大叔　 ：再点一个吧。
美惠子 ：2个太多呢……。

第 8 课　口语课最有意思

<会话1> 142页

安迪 ：你好？是寄宿家庭吗?
房东 ：对，是的。
安迪 ：我看了广告之后打电话，现在有房间吗?
房东 ：有。
安迪 ：位置是哪里?
房东 ：就在西江大学前面。

<会话2> 143页

安迪 ：我可以看看房间吗?
房东 ：当然可以，请进。
安迪 ：房间安静吗?

房东	：	是，这是最安静的房间了。
安迪	：	那什么时候能搬进来？
房东	：	什么时候都可以。

<会话3> 144页

苏珊	：	安迪，这学期觉得怎么样？
安迪	：	挺好的。
苏珊	：	哪方面感觉最好呢？
安迪	：	口语课有意思，所以感觉很好。
苏珊	：	啊，是吗？ 我也是。安迪，祝你假期过得愉快。
安迪	：	嗯，下学期见。

<阅读> 147页

安迪的韩国故事

　　我在3个月之前来韩国学韩国语。现在比3个月之前更有意思。我把韩国生活介绍一下。我最近常常去这里。

　　这里是我们学校。我在这里开始学韩国语。在教室的左边是我们老师。金老师是我们学校最漂亮而且有意思的老师。汉斯在我们班中最有意思，但经常迟到。^^;;　苏珊是很忙的学生。任平来学校最早而且认真学习。现在可以跟朋友们用韩国语说话，太好了。

　　这里是体育馆。我吃中饭以后，在这里学跆拳道。在各种运动中我最喜欢跆拳道。打跆拳道的时候，心情很好。

　　这里是我的寄宿家庭。在这里住了3个月。因为寄宿家庭太远了，所以这次假期时要搬家。新的寄宿家庭比现在的寄宿家庭离学校近。而且房间也比现在的房间大，所以很喜欢。

　　这个学期下周就结束了。假期中打算搬家还想去旅游。还打算认真复习韩国语。然后我会介绍下学期的生活。

　Re: 汉斯　安迪，最近我比任平早来呢。T.T
　Re: 珍妮　安迪，我也下周去韩国。我给你打电话。~　*^^*

<听力> 159页

安迪	：	喂。
珍妮	：	喂，是安迪吗？
安迪	：	是，是我。
珍妮	：	安迪，我是珍妮。
安迪	：	啊，珍妮！ 我等着你的电话呢。什么时候来韩国？
珍妮	：	我下周一早上9点出发。
安迪	：	是韩国时间9点吗？
珍妮	：	不，悉尼时间9点出发。然后韩国时间晚上6点到。
安迪	：	那珍妮，我们在机场见面吧。我会去接你的。
珍妮	：	真的吗？ 谢谢。

安迪　：哦，珍妮，你一定要带厚衣服过来。
珍妮　：为什么？
安迪　：首尔比悉尼冷。
珍妮　：好的，我知道了。安迪你有没有需要的东西？
安迪　：嗯……让我想一想。啊! 你能买些英文书带给我吗？
珍妮　：英文书？
安迪　：是的，我教韩国孩子英语。所以我需要好的英文书。
珍妮　：好，知道了。还有没有其他需要的？
安迪　：没有。珍妮，你准备好了吗？
珍妮　：没有。我没有词典，所以明天去买。
安迪　：是不是想买电子词典呢？
珍妮　：对。
安迪　：珍妮，在韩国买电子词典吧。电子词典韩国比澳洲便宜。
珍妮　：是吗？　知道了。谢谢。
安迪　：那，珍妮，我们在机场见。
珍妮　：嗯，到时见。

词汇索引

ㄱ

가격	价格	101
가까워서	→가깝다	
가까워요	→가깝다	
가깝다	近	27
	미나 집이 학교에서 아주 가까워요.	
	美娜的家离学校很近。	
가다	去，走	22
가르치다	教	83
가방	包	36
가볍다	轻	40
가요	韩国流行歌曲	74
가을	秋天	96
가족	家人	26
가지고 가다	带走	152
가지고 오다	带来	158
간식	零食	61
간장	酱油	131
갈게요	→가다	
갈비	排骨	128
감기	感冒	57
감기에 걸리다		
	得感冒	57
감사합니다.	谢谢。	156
강	江	99
갖다	→갖다 주다	
갖다 주다	拿给	134
갖다 주세요.	请给我带来。	134
같다	一样	44
같이	一起	19
같이 가요.	一起去吧。	22
같이 찾아봐요.		
	一起找吧。	158
(한) 개	(一)个	39
거기	那儿	23
거기 하숙집이지요?		
	是寄宿房吧？(电话中)	142
거실	客厅	61
걱정하다	担心(动)	157

걱정하지 마세요.		
请别担心。		157
건강	健康	61
건강이 안 좋다		
	身体不太好	61
걸리다[1]	花费	27
	5분쯤 걸려요. 需要5分钟左右。	
(감기에) 걸리다[2]		
	得(感冒)	57
	감기에 걸렸어요. 感冒了。	
걸어서	走路	27
겁니다	→을 거예요	
게임	游戏	97
게임을 하다	打游戏	97
겨울	冬天	96
경기	比赛	114
경치	景色	23
계속	继续	44
계시다	在('있다'的敬语)	
계획	计划	158
계획이 있다	有计划	108
고기	肉	131
고기를 굽다	烤肉	131
고등학교	高中	79
고마워요.	谢谢。	126
고장	故障	114
고장이 나다	出故障	114
고치다	修理	115
고파요	→고프다	
고프다	饿	107
	배가 고파요. 肚子饿。	
고향	家乡	28
골프	高尔夫	71
골프를 치다	打高尔夫球	71
곳	地方，场所	101
공부	学习(名)	27
공부를 열심히 하다		
	认真学习	110
공부를 하다	学习(动)	108
공부하다	学习(动)	79
공원	公园	61

공원이 넓습니다.			
	公园很大。		97
공중전화	公用电话		158
공포 영화	恐怖片		74
공항	机场		150
과자	点心		38
과제	课题		25
관광하다	观光(动)		158
관심	关心		47
관심이 있다	对……关心		47
광고	广告		142
괜찮다	没事		157
괜찮아요.	没事儿。		158
교실	教室		147
구경	观赏(名)		156
구경을 하다	观赏(动)		156
구경하다	观赏(动)		143
구두	皮鞋		41
구우세요	→굽다		
구웠습니다	→굽다		
굽다	烤		131
귀	耳朵		67
그 (남자)	那(个男人)		45
그 다음에	然后		97
그건	那个		158
그건 잘 모르겠어요.			
	那个，我不太明白。		158
그것	那个		152
그때	那时候		157
그때 만나요.	到时见。		27
그때 봐요.	到时见。		159
그래서	所以		27
그래서, 뭐요?			
	所以，怎么啦？		158
그래요?	真的？是吗？		23
그러세요?	是吗？		58
그런데[1]	可是		27
그런데[2]	然而		157
그런데요?	所以，怎么啦？		158
그럼	那么		18
그럼요.	当然		157

(한) 그릇	(一)碗		159
그리고	和、而且、然后		27
극장	电影院，剧场		22
근처	附近		61
글쎄요.	让我想一想。		92
	글쎄요, 아직 잘 모르겠어요. 哦，还不知道。		
금요일	周五		24
기다리다	等待		61
	친구가 제 메일을 기다려요. 朋友等我的电子邮件。		
기름	油		127
기름이 많다	油腻		127
기분	心情		73
기분이 안 좋다			
	心情不好		73
기분이 좋다	心情好		115
기뻤습니다	→기쁘다		
기쁘다	高兴		131
기타	吉他		71
기타를 치다	弹吉他		71
긴	→길다		
긴 바지	长裤		156
길	路		118
길다	长		20
길이 막히다	堵车		118
김치	泡菜		106
김치찌개	泡菜汤		127
-까지	到 -		24
깨끗하다	干净整洁		23
-께	给("-에게"的敬语)		26
	어머니께 给母亲(写信时)		
꼭	一定		56
	약을 꼭 드세요. 一定要吃药。		
꽃	花		97
끄다	关		125
끝나다	结束		27
	학기가 한 달 후에 끝나요. 学期一个月后结束。		
끝내다	结束		111
	일을 끝내다 把工作做完		

ㄴ

한국어	중국어	쪽
(열이) 나다¹	发烧	57
(고장이) 나다²	出故障	114
나무	树	97
나빠요	→나쁘다	
나쁘다	坏	21
나았어요	→낫다	
나중에	以后	156
낚시하다	垂钓, 钓鱼	24
날마다	每天	131
날씨	天气	23
날씨가 안 좋아요.	天气不好。	61
날씨가 어때요?	天气怎么样?	23
날씨가 좋아요.	天气好。	23
남산	南山	95
남자	男子	44
남자 친구	男朋友	44
남쪽	南侧	158
낫다	痊愈	157
	아직 안 나았어요. 还没治好。	
났어요	→나다	
낮다	低	21
내과	内科	157
내년	明年	108
내일	明天	16
내일 만나요.	明天见。	157
내일부터	从明天开始	110
냄새	味道	44
	음식 냄새가 참 좋아요. 菜的味道很香。	
너무	太	20
너무 많다	太多	111
넓다	宽, 大	97
	공원이 넓습니다. 公园很大。	
	방이 넓어요. 房间很大。	
넣다	放进	131
	간장에 설탕을 넣었습니다. 把糖放进了酱油里。	
네	是	19
네?	什么?	44
네, 맞아요.	是, 对。	37
네, 알겠어요.	是, 知道了。	56
네, 저예요.	是, 是我(接电话时)	159
네, 좋아요.	是, 好的。	22
(1)년	(一)年	55
노래	歌	74
노래를 하다	唱歌	77
노래하다	唱歌	19
노트북	手提电脑	40
놀다	玩	18
	친구하고 놀다 和朋友玩	
농구	篮球	71
농구를 하다	打篮球	71
높다	高	20
	신발이 너무 높아요. 鞋子太高了。	
누구	谁	27
누구한테	给谁	27
눈	眼睛	56
느리다	慢	21
늦게	晚	57
늦게까지	到很晚	57
늦다	迟到	118
	약속에 늦다 约会迟到	

ㄷ

한국어	중국어	쪽
다	全	97
다 같이	全都一起	97
다 하다	做好	159
	준비 다 했어요? 准备好了吗?	
다니다	上…	75
다르다	不同	144
	한국어 발음이 영어하고 달라요. 韩国语的发音跟英语不一样。	
다른 나라	其他国家	150
다른 색은 없어요?		
	有没有别的颜色?	156

다른 약속	别的约会	22
다른 약속이 있어요.	有别的约会。	107
다리	腿	67
다리미질을 하다	熨衣服(动)	61
다섯	五	115
다시	再，重新	156
다시 한 번	再一次	98
다음	下一个	18
다음 방학	下次放假	18
다음 주	下一周	24
다음에	下次	156
다음에 같이 가요.	下次一起去。	157
다음에 다시 올게요.	我会下次再来的。	156
다이어트를 하다	减肥(动)	110
닫다	关	125
(한) 달	(一个)月	27
달다	甜的	127
대답하다	回答(动)	45
대학교	大学	79
더워서	→덥다	
더워요	→덥다	
덥다	热	21
데이트	约会	61
-도	-也	18
도와주다	给与帮助	94
도와주세요.	请帮忙我。	94
도와줄게요.	我会帮你的。	126
도착하다	到	159
독일	德国	115
돈	钱	110
돈이 많이 있다	有很多钱	36
돈이 많이 필요하다	需要很多钱	110
돌아가다	回去	27
	방콕에 돌아갈 거예요. 我要回曼谷。	
돌아오다	回来	115
	한스 씨는 오늘 집에 일찍 돌아왔습니다. 汉斯今天很早回家。	
돕다	帮助	126
(2)동	栋	159
	삼성아파트 2동 904호 三星公寓 2栋 904号	
동료	同事	56
동생	弟弟或者妹妹	94
동안	期间	79
동전	硬币	158
동쪽	东边	101
되다	成为	72
	좋은 학생이 되고 싶어요. 我希望成为好的学生。	
두	二 (原来是"둘"，后接个，장"等量词时变为"두")	
두 달	两个月	27
두꺼운	→두껍다	
두꺼운 옷	厚的衣服	159
두껍다	厚的	159
두통약	头痛药	56
둘	俩	58
둘이서	两个人(做……)	97
둘이서만	就两个人(做……)	97
드라이브를 하다	开车兜风(短语)	24
드세요.	→먹다, 마시다	
드셨어요	→먹다, 마시다	
듣고 말하기	听和说	30
듣기	听(名)	140
듣다	听(动)	18
-들	-们	27
들다	→마음에 들다	
	색이 마음에 들지 않아요. 不喜欢这个颜色。	
들어오다	进来	157
들어오세요.	请进。	157
들어요	→들다	
등산	登山	107
등산을 가다	去登山	107
등산하다	登山	18

따뜻하다	温暖	157
따뜻한 물	温水	157
딸기	草莓	39
때	时候	18
또	又, 再	156
또 오세요.	请再来。	156

ㄹ

-라고 (말하다)		
	他说-	136
라틴 댄스	拉丁舞	74
레몬차	柠檬茶	127
-로	→-으로/로	
로마	罗马(地名)	32

ㅁ

마늘	蒜	131
-마다	每-	79
마시다	喝	55
마음	心	156
마음에 들다	满意	156
막히다	堵	118
-만	只有	156
만나다	见	18
	친구를 만나다 见朋友	
만들다	做, 制造	19
만들어 주다	做给	131
많다	多	21
많이	很多	156
말씀하세요.	请讲。	126
말씀하시다	说(敬语)	
말하기	说(名)	18
말하다	说(动)	54
맛없다	不好吃	20
맛있게	好吃的	97
맛있다	好吃	20
맞다[1]	合	37
맞다[2]	对	37
매운	→맵다	

매운 음식	辣的饮食	57
매일	每天	108
맵다	辣	57
머리[1]	头发	44
머리[2]	头	56
머리가 아프다		
	头疼	56
먹다	吃	19
먼저	首先	131
멀다	远	21
	하숙집이 학교에서 너무 멀어요.	
	寄宿家庭离学校太远。	
멋있다	帅	20
메일	电子邮件	61
(한) 명	(一个)人	44
몇	几	44
몇 번	几号	157
몇 분이에요?	几位?	44
몇 시	几点	54
모두	都	44
모르다	不知道	80
모자	帽子	36
목	喉咙, 嗓子	57
목요일	星期四	99
목이 아프다	嗓子很疼。	57
무겁다	重	37
무릎	膝盖	67
무슨	什么(+名)	45
무슨 음식을 좋아하세요?		
	喜欢什么菜?	58
무엇	什么	44
무역	贸易	78
무역 회사	贸易公司	78
문	门	125
문법	语法	18
문을 열다	开门	125
문화	文化	147
물	水	157
물론	当然	79
물어보다	问	45
뭐	什么	18

뭐 드시겠어요?			
	您吃什么?	44	
뭐 찾으세요?	您在找什么?	41	
뭐 했어요?	做了什么?	18	
뭐라고 대답했습니까?			
	怎么回答的?	98	
뭐예요?	是什么?	44	
미국	美国	79	
미안하다	对不起	22	
미안해요.	对不起。	22	

ㅂ

바다	海	22
바람	风	61
바람이 불다	刮风	61
바로	径直，一直	142
바로 앞	就在前面	142
바빠서	→바쁘다	
바빠요	→바쁘다	
바쁘다	忙	109
바쁜	→바쁘다	
바지	裤子	41
박물관	博物馆	24
반¹	半	115
반²	班级	147
받다	接受	72
발	脚	
발음	发音	72
밝다	亮	143
방	房间	61
	지금 방이 있어요? 现在有房间吗?	
방을 구경하다		
	看看房间	143
방콕	曼谷	27
방학	放假	18
방학 때	放假时(学校)	18
방학 때마다	每次放假时	79
방학 잘 보내세요.		
	(祝你)假期愉快。	144
배¹	船	156

배²	梨	39
배³	肚子	56
배가 고프다	肚子饿	107
배가 아프다	肚子疼	56
배달	外卖，送	159
배달이 되다	能送(外卖)	159
배달이 안 되다		
	不能送(外卖)	159
배를 타다	乘船	156
배우	演员	124
배우다	学习	27
배우러 다니다		
	去学习	75
버스 정류장	公共汽车车站	158
번	遍，路，次	157
번역	翻译	111
번지 점프	蹦极	124
번지 점프를 하다		
	蹦极(动)	124
베네치아	威尼斯	156
베트남	越南	55
베트남 음식	越南菜	55
병원	医院	56
병원에 가다	去医院	56
보고 싶다	想见，想念	26
	가족이 보고 싶어요. 好想念家人。	
보고 싶어요.	想见。	27
보고 싶은	亲爱的—(收信人)	26
보내다	送	111
	이메일을 보내다 送电子邮件	
보다¹	见	44
보다²	考	157
	시험을 보다 考试	
보여 주다	给……看	156
보여 주세요	请给……看	40
	전자사전 좀 보여 주세요. 请我看电子词典。	
보통	通常	48
복습	复习(名)	147
복습하다	复习(动)	157
봄	春天	96

부모님	父母	89
부산	釜山(地名)	24
부엌	厨房	61
부탁하다	拜托	131
-부터	从	24
(1)분	(一)分	27
(한) 분	(一)位(敬语)	44
불	火	125
불고기	烤肉	92
불다	吹，刮	61
	바람이 불어요. 刮风了。	
불을 켜다	开灯	125
불편하다	不舒服	27
비	雨	61
비가 와요.	下雨了。	61
비빔밥	拌饭	44
비빔밥 하나 주세요.		
	给我拌饭一个。	44
비싸다	贵	20
비원	秘苑(昌德宫里的后苑)	
	(地名)	128
비자	签证	72
비자를 받다	拿签证	72
비행기	飞机	158
비행기 표	机票	158
빌려 주다	借出，借给	72
빌리다	借	128
빠르다	快	21
빨리	快速	27
빨리 나으세요.		
	祝你早日康复。	157

ㅅ

사과	苹果	39
사다	买	36
사다 주다	买给	159
사람	人	43
	두 사람 两个人	
사람들	人们	44
사무실	办公室	147
사용하다	使用	79
사인하다	签名	156
사전	词典	40
사진	照片	18
사진을 보여 주세요.		
	请给我看一下照片。	156
사진을 찍다	照相	18
산	山	22
산책을 하다	散步	97
산책하다	散步	54
살다	住	27
	미나 씨 집에서 살 거예요.	
	我会住在美娜的家里。	
살이 찌다	变胖	110
삼겹살	五花肉	127
삽니다	→살다	
새	新的	38
색	颜色	156
	색이 마음에 들지 않아요.	
	不喜欢这个颜色。	
생각	思想	80
생각하다	想	45
생기다	产生	109
	일이 생겼어요. 发生了一些问题。	
생일	生日	22
생일 선물	生日礼物	120
생일 카드	生日贺卡	90
생일 파티	生日聚会	22
생일 파티에 가다		
	去生日聚会	22
생활	生活	27
서류	文件	111
서류를 만들다		
	制作文件	111
서울	首尔(地名)	27
섞다	拌	131
선물	礼物	97
선물을 받다	收到礼物	97
선생님	老师	157
설악산	雪岳山(地名)	124
설탕	白糖	131

한국어	중국어	쪽
섬	岛	158
세	三(原来是"셋",后接"개,매"等量词时变为"세")	
세 달	三个月	147
세 개에 오천 원이에요.	三个5000元。	39
소개를 받다	被介绍	83
소개하다	介绍	83
소개해 주다	给介绍	157
소고기	牛肉	131
소리	声音	125
소풍	郊游	96
소풍을 가다	去郊游	96
쇼핑	购物(名)	156
쇼핑몰	购物广场	126
쇼핑을 하다	购物(动)	156
쇼핑하다	购物(动)	42
수업	上课(名)	65
수업 시간	上课时间	65
수업 후	下课后	84
수영	游泳(名)	70
수영을 하다	游泳(动)	70
수영하다	游泳(动)	19
수요일	星期三	99
숙제	作业	76
숙제하다	做作业	90
술	酒	93
쉬다	休息	109
쉽다	容易	20
스카프	围巾	36
스케이트	滑冰(名)	71
스케이트를 타다	滑冰(动)	71
스쿠버다이빙을 하다	赤身潜水	24
스키	滑雪(名)	70
스키를 타다	滑雪(动)	70
스페인	西班牙(地名)	31
시	小时	54
시간	时间	28
시간이 얼마나 걸려요?	需要多长时间?	28
시간이 있다	有时间	73
시간이 있을 때	有时间的时候	74
시간이 있을 때 뭐 하세요?	有空的时候,都做什么?	74
시계	钟表	37
시끄럽다	吵闹	153
시다	酸	127
시드니	悉尼(地名)	159
시설	设施	142
시설이 좋아요.	设施好	142
시작하다	开始(动)	55
시키다	点(菜)	135
음식을 시키다	点菜	
시험	考试(名)	157
시험을 보다	考试	157
식당	餐厅	44
식사	饭	131
식사를 하다	吃饭	131
신다	穿(鞋)	41
신문	报纸	54
신문을 읽다	看报纸	54
신발	鞋	20
실례합니다.	打扰一下。	145
싸다	便宜	20
써	→쓰다	
써서	→쓰다	
써야	→쓰다	
써요	→쓰다	
썼어요	→쓰다	
쓰다[1]	写	27
편지를 쓰다 写信		
쓰다[2]	戴(帽子、眼镜、太阳镜)	41
모자를 쓰다 戴帽子		
안경을 쓰다 戴眼镜		
쓰다[3]	苦(味道)	127
인삼차가 쓰다 人参茶很苦		
씨	先生,女士	18

ㅇ

아!	啊！	44
아니에요.	不是。	22
아니요.	不。	19
아르바이트	打工(名)	79
아르바이트를 하다	打工(动)	79
아르바이트하다	打工(动)	22
아름다운	→아름답다	
아름다운 여자	漂亮的女人	44
아름답다	漂亮	24
아버지	爸爸	54
아세요	→알다	
아이	孩子	159
아이들	孩子们	159
아저씨	大叔，师傅	115
아주	非常(与形容词和副词连用)	27
아주머니	大嫂，大婶	39
아직	还，尚且	56
아직 잘 모르겠어요.	我还不太确定。	158
아직 특별한 계획은 없어요.	目前还没有特别的计划。	92
아침	早晨	20
아침마다	每天早晨	83
아파서	→아프다	
아파요	→아프다	
아파트	公寓	159
아팠어요	→아프다	
아프다	疼	56
아홉	九	72
안	不	28
안경	眼镜	41
안내하다	向导(动)	76
안녕하세요?	你好	27
안녕히 가세요.	再见(主人对客人讲)，走好	157
안녕히 계세요.	再见(客人对主人讲)	271
앉다	坐	88
알겠어요.	知道了。	22
알다	知道	44
알았어요.	知道了。	157
압니다	→알다	
앞	前	142
액션 영화	动作片	74
야구	棒球	71
야구를 하다	打棒球	71
야구장	棒球场	99
약	药	56
약국	药店	65
약속	约会	22
약속 장소	约会场所	158
약속에 늦다	约会迟到	118
약을 먹다	吃药	56
어깨	肩膀	67
어느	哪个	31
어느 나라	哪个国家	31
어느 나라 말	哪个国家的语言	80
어디	哪儿	23
어디가 아프세요?	哪儿不舒服？(敬语)	56
어디를 여행했어요?	去哪儿旅游了？	32
어디세요?	您的地址是？(电话中询问地址时)	159
어때요?	怎样？	20
어땠습니까?	怎么样了？	98
어땠어요?	怎么样了？	83
어떤	怎么样	43
어떤 사람이에요?	是怎么样的人？	43
어떻게	如何	26
어떻게 생각했어요?	怎么想的？	45
어떻게 할까요?	怎么办好呢？	135
어떻게 해야 해요?		

한국어	중국어	쪽
	该怎么办才好?	114
어떻게 해요?我怎么办? (很为难时)		157
어려워요	→어렵다	
어렵다	难	20
어머니	母亲	26
어머니께	给母亲(写信时)	26
어서 들어오세요.		
	请进。	143
어서 오세요.	欢迎。	39
어제	昨天	57
-어치	值……钱的	
	(表示相当于若干钱数的东西)	39
	사과 10,000어치 주세요.	
	给我10,000元钱的苹果。	
언제	什么时候	24
언제든지	什么时候都	143
얼굴	脸	56
얼굴이 안 좋으세요.		
	您的脸色不太好。	56
얼마나	多少	28
얼마예요?	多少钱?	39
없다	没有	156
	다른 색은 없어요? 没有别的颜色吗?	
-에	每–	39
여기	这里	19
여기 있습니다.		
	给您。	156
여기 있어요.	给您。	158
여기서	在这里	147
여기에서	在这里	19
여기요.	喂/不好意思打扰一下	
	(召唤侍者)	156
여러 가지	各种	79
여러분	各位	43
여러분의 생각을 말해 보세요.		
	请讲一下各位的意见。	135
여름	夏天	96
여보세요.	喂。	66
여섯	六	115
여섯 시까지 가겠습니다.		
	我会六点之前到。	115
여자	女人	43
여행 잘 다녀오세요.		
	祝您旅途愉快。	156
여행을 가다	去旅行	16
여행하다	旅行	18
역	车站	157
연극	戏剧	112
연습하다	练习 (动)	27
열	烧	57
열다	开	125
	창문을 열다 开窗门	
열심히	勤奋地	79
열심히 공부하다		
	认真地学习	79
열이 나다	发烧	57
영어	英语	78
영화	电影	72
영화를 보다	看电影	73
영화배우	电影演员	124
옆	旁边	159
예쁘다	漂亮	38
오늘	今天	18
오다¹	来	44
오다²		61
	비가 오다 下雨	
오래	长久	57
오래하다	做很长时间	57
오전	上午	148
오후	下午	22
온누리	Onnuri(商店名)	159
올림	敬上(写信时)	27
올해	今年	108
옷	衣服	20
와!	哇!	43
왜	为什么	45
왜냐하면	因为	27
왜요?	为什么?	28
외국	外国	19
요리	菜	27
요리하다	做菜	27
요즘	这些天	52

요즘 어떻게 지내세요?		
	最近过得好吗?	52
우리¹	我们的	61
우리²	我们	75
우리 가족	我家人	61
운동	锻炼	58
운동을 하다	锻炼	61
운동화	运动鞋	41
운전	驾驶(名)	78
운전하다	开车，驾驶(动)	19
원	元(韩币)	39
월	月份	27
월요일	星期一	157
위치	位置	128
위치가 어디예요?		
	位置在哪儿?	
	(在电话里询问位置)	142
유럽	欧洲	30
유명하다	有名	44
유명한 섬	有名的岛	158
-으로/로¹	用(手段)	156
-으로/로²	用(语言)	79
-으로/로³	向	27
-은/는	(补助词)	20
음	嗯	156
음, 글쎄요.	嗯, 看一下…	159
음식	食品，吃的	20
음식을 시키다		
	点菜	135
음악	音乐	18
음악을 듣다	听音乐	18
-의	-的	45
이¹	这	20
이²	牙齿	56
이거 어때요?	这个怎么样?	40
이거 주세요.	给我这个。	40
이기다	赢	97
이따가	一会儿	126
이름	名字	44
이메일	电子邮件	61
이메일로	用电子邮件	78

이메일을 보내다		
	发电子邮件	111
이메일을 쓰다		
	写电子邮件	61
이번	这次	18
이번 주	本周	24
이번 주말	本周末	18
이번 학기	这学期	27
이사하다	搬家	27
미나 씨 집으로 이사할 거예요.		
我要搬到美娜的家。		
이야기	故事	147
이야기하다	聊天	19
이제	现在	146
이쪽	这边	44
이탈리아	意大利(地名)	156
이태리어	意大利语	78
(1)인분	(一)人份	135
인삼차	人参茶	127
인터넷	因特网	101
인터넷을 하다		
	上网	145
인터뷰	面试	129
일¹	日期	27
일²	工作	58
일³	事情	109
일곱	七	115
일본	日本(地名)	74
일본 노래	日本歌曲	74
일본어	日语	78
일식집	日本餐厅	136
일어나다	醒来、起来	19
일요일	星期日	54
일을 끝내다		
	做完事	111
일이 너무 많다		
	事情太多	76
일이 생기다	发生事情	109
일이 생겼어요.		
	发生事情了。	109
일찍	早	19

일하다	工作	57
읽고 말하기	读和说	26
읽다	读	18
입	嘴	67
입다	穿(衣服)	34
있다	在，有	156

ㅈ

자기 소개서	自我介绍(自荐信)	78
자다	睡觉	54
자전거	自行车	70
자전거를 타다	骑自行车	70
자주	经常	58
작다	小	20
잘	好好的	27
잘 맞아요.	很适合。	37
잘 부탁드립니다.	请多多关照。	79
잘 지내다	过得好	27
잘 지내요.	过得好。	27
잘하다	做得好	72
잠깐만요.	等一下。	159
잡채	杂菜(韩国菜名)	131
잡채를 가르쳐 줄게요.	我教你怎么做杂菜。	131
장소	地点	158
재미없다	没有意思	21
재미있다	有意思	21
재즈	爵士乐	74
재즈 댄스	爵士舞	74
저…	那个…	44
저 (티셔츠)	那个(T恤)	42
저 제니예요.	我是珍妮。(电话中)	159
저 혼자	我一个人	159
저녁¹	晚上	18
저녁²	晚饭	89
저녁을 먹다	吃晚饭	89
저는	我	27
저도	我也	23
저도요.	我也是。	144
적다	少	21
전	我(저는)	55
전공	专业	79
전자사전	电子词典	40
전화가 오다	来电话	115
	A/S센터 아저씨한테서 전화가 왔습니다. 维修中心的技师打来电话。	
전화로	用电话	135
전화를 끊다	挂电话	125
전화번호	电话号码	125
전화하다	打电话	89
	A/S센터에 전화하다 给维修中心打电话。	
점심	午饭	19
점원	店员	40
정말	真的	22
정말 미안해요.	真的很抱歉。	22
정말요?	真的吗?	159
제 메일	我的电子邮件	61
제가	我	157
제일	最	138
제주도	济州岛(地名)	23
제주도요?	你说济州岛?	23
조금	一点	61
조금 이따가 도와 줄게요.	等一会儿我会帮你。	126
조용하다	安静	142
좀	稍微，一点	27
좀	请	39
좀 가르쳐 주세요.	请教我一下。	131
좀 주세요.	给我一点。	39
좋다	好	21
좋아하다	喜欢	44
좋은 학생이 되다	成为好学生	72
죄송합니다.	对不起。	156

주	周	24
주다	给	158
	카드를 주다 给…卡	
주말	周末	18
주무세요	→자다[敬语]	
(1)주일	(一)周，(一个)星期	157
준비 다 했어요?		
	准备好了吗?	159
준비하다	准备	61
중국	中国(地名)	72
중국어	汉语	110
중에서	……之中，在……中	96
지각	迟到	147
지각을 하다	迟到(动)	147
지갑	钱包	156
지금	现在	19
지금 배달 돼요?		
	现在能送外卖吗?	159
지난	上一个	18
지난 주말	上个周末	55
지난달	上个月	157
지난주	上周	64
지내다	过，度过	27
	잘 지내요. 过得好。	
지하철	地铁	107
지하철을 타다		
	坐地铁	107
질문하다	提问	44
집	家	22
집에 돌아오다		
	回家	115
짧다	短	20
짧은 바지	短裤	156
-쯤	左右(表示大概)	27
	5분쯤 5分钟左右	
(살이) 찌다	变胖	27
(사진을) 찍다		
	拍照	110

ㅊ

차[1]	茶	88
차[2]	车	158
차 한잔하다	喝茶	88
차 한잔할까요?		
	一起喝杯茶怎么样?	88
차가 많아요.	车子很多。	158
참	非常	23
참!	啊! (突然想起什么时)	159
참기름	香油	131
창문	窗门	125
창문을 닫다	关窗门	125
찾다	寻找	41
찾아보다	找一找	158
책	书	18
책을 읽다	看书	18
천천히	慢慢地	125
체육관	体育馆	147
쳐다보다	注视	44
	저를 쳐다봐요. 他盯着我看。	
(춤을) 추다	跳舞	74
추워요	→춥다	
추천하다	推荐	128
축구	足球	71
축구 경기	足球比赛	114
축구를 하다	踢足球	71
출구	出口	157
출발하다	出发(动词)	102
출장	出差	22
출장을 가다	去出差	22
춤	舞	74
춤을 추다	跳舞	74
춥다	冷	21
치과	牙科	56
치다[1]	打	71
	골프를 치다 打高尔夫球	
	탁구를 치다 打乒乓球	
	테니스를 치다 打网球	

치다²	弹	71
	기타를 치다 弹吉他	
	피아노를 치다 弹钢琴	
치마	裙子	20
친구	朋友	18
친구들이 많다		
	朋友很多	27
친구들한테	给朋友们	131
친구를 만나다		
	见朋友	18
친구하고 놀다		
	和朋友玩	180
친절하다	亲切	27
친하다	亲密	61
친한 친구	好朋友	61

ㅋ

카드	卡	156
카드로 하실 거예요?		
	要刷卡吗?	156
카드로요.	用卡。	156
카메라	相机	126
커요	→크다	
커피	咖啡	55
커피를 마시다		
	喝咖啡	55
컴퓨터	电脑	40
컴퓨터 게임	电脑游戏	140
케이크	蛋糕	19
케이크를 만들다		
	做蛋糕	19
켜다	开	125
	불을 켜다 开灯	
코	鼻子	67
코미디 영화	喜剧电影	74
콘서트	演唱会	94
콘서트에 가다		
	去演唱会	94
크다	大	20
큰 소리로	大声地	125

큰 소리로 말하다		
	大声说话	125
클래식	古典音乐	74

ㅌ

타다	坐	156
	배를 타다 坐船	
	버스를 타다 坐巴士	
	스케이트를 타다 滑冰	
	스키를 타다 滑雪	
	자전거를 타다 骑自行车	
	지하철을 타다 坐地铁	
탁구	乒乓球	71
탁구를 치다	打乒乓球	71
태국	泰国(地名)	131
태권도	跆拳道	71
태권도를 하다		
	打跆拳道	71
테니스	网球	54
테니스를 치다		
	打网球	70
테니스장	网球场	157
텔레비전	电视	40
텔레비전을 보다		
	看电视	55
토요일	星期六	22
퇴근	下班	157
특별하다	特别	158
특별한 계획	特别的计划	158
특히	尤其	158
티셔츠	T恤	41
팀	队，组	97

ㅍ

파	葱	131
파리	巴黎(地名)	156
파티	聚会，晚会	22
팔	胳膊	125
팝송	西洋流行歌曲	74

편지	信	27
편지를 쓰다	写信	27
포도	葡萄	39
표	票	158
푹 쉬다	好好休息	157
푹 쉬세요.	好好休息吧。	157
프랑스	法国(地名)	124
프랑스 음식	法国菜	124
프로그램	节目	79
피곤하다	疲倦	109
피아노	钢琴	71
피아노를 치다	弹钢琴	71
필요하다	需要(形)	110
돈이 필요하다	需要钱	
필요한 거	需要的东西	159

ㅎ

하나	一个	44
하나 더	再一个	159
하나만	只有一个	134
하늘 공원	蓝天公园(地名)	96
하다	做	54
하숙집	寄宿家庭	27
하숙집 생활	寄宿家庭的生活	147
하지만	但是	20
학교	学校	27
학기	学期	27
(1)학년	(一)年级	79
학생 수	学生数	147
학원	补习班	79
학원에 다니다	上补习班	79
한	一个(原来是 "하나", 但后接 "개(个), 매(张)" 等时变为 "한")	
한 달	一个月	27
한 달 후에	一个月后	27
한 명	1个人	44
한강	汉江(地名)	95
한강 공원	汉江公园	95
한국	韩国	58
한국 노래	韩国的歌	74
한국 생활	韩国生活	58
한국 시간	韩国时间	159
한국 음식	韩国菜	70
한국 친구	韩国朋友	58
한국말	韩国语	27
한국말로	用韩国语	146
한국말을 연습하다	练习韩国语	27
한국어	韩国语	20
한국어 공부	韩国语学习	108
한국어 발음	韩国语发音	144
한국어로	用韩国语	126
한라산	汉拿山(地名)	141
한번	一次	38
한번 먹어 보세요.	尝一下。	38
한식집	韩国餐厅	159
한자	汉字	70
한자를 읽다	念汉字	70
한잔하다	喝一杯	88
-한테	给-	27
할 때	做~的时候	147
할머니	奶奶	61
핸드폰	手机	158
현금	现金	156
현금으로 하다	付现金	156
형용사	形容词	16
(904)호	(904)号	159
호수	湖	99
호텔	宾馆	31
혹시	假如, 也许	44
혼자	自己, 独自	156
화요일	星期二	24
회사	公司	72
회의	会议	57
후	后	27
휴가	休假	24

휴가 때	休假时(公司)	24
힘들다	辛苦，难	144
힙합 댄스	嘻哈舞	74

A/S센터	A/S中心(维修中心)	115
g(그램)	克	39
PC방	电脑室	145

同步练习册(Workbook)答案

第 1 课 打算明天去旅游

문법 - (으)ㄹ 거예요 ①

가. 운동할 거예요, 만날 거예요, 쉴 거예요, 배울 거예요, 읽을 거예요, 볼 거예요, 먹을 거예요

나. 1. 내일 은행에 갈 거예요   2. 내일 테니스를 칠 거예요
   3. 내일 친구를 만날 거예요 4. 오늘 오후에 집에서 쉴 거예요
   5. 오늘 오후에 학교에서 점심을 먹을 거예요
   6. 오늘 저녁에 집에서 책을 읽을 거예요
   7. 내년 설날에 한복을 입을 거예요
   8. 이번 주말에 콘서트에서 음악을 들을 거예요
   9. 이번 주말에 친구 집에서 놀 거예요
   10. 이번 주말에 집에서 음식을 만들 거예요

다. 1. 갈 거예요   2. 살 거예요   3. 찍을 거예요
   4. 여행할 거예요   5. 만들 거예요

라. 1. 뭐 할 거예요? / 친구하고 식사할 거예요
   2. 예) 친구를 만날 거예요   3. 예) 수영할 거예요
   4. 예) 뭐 할 거예요? / 등산할 거예요

Check

	- (으)ㄹ 거예요
읽다	읽을 거예요
먹다	먹을 거예요
가다	갈 거예요
보다	볼 거예요
ⓒ 듣다	들을 거예요
ⓔ 만들다	만들 거예요

문법 - (으)ㄹ 수 있어요/없어요

가. 1. ⓐ 2. ⓐ 3. ⓐ 4. ⓑ 5. ⓑ 6. ⓒ

나. 1. 오늘 같이 공부할 수 있어요 / 오늘 같이 공부할 수 없어요
   2. 아침에 일찍 일어날 수 있어요 / 아침에 일찍 일어날 수 없어요
   3. 주말에 같이 영화를 볼 수 있어요 / 주말에 같이 영화를 볼 수 없어요
   4. 한국 신문을 읽을 수 있어요 / 한국 신문을 읽을 수 없어요
   5. 집에서 케이크를 만들 수 있어요 / 집에서 케이크를 만들 수 없어요
   6. 지금 같이 좀 걸을 수 있어요 / 지금 같이 걸을 수 없어요

다. 1. 시험을 준비할 수 있어요
　　2. 사진을 찍을 수 없어요
　　3. 구경을 할 수 없었어요
　　4. 생일 파티에 갈 수 있어요

Check

	- (으)ㄹ 수 있어요
읽다	읽을 수 있어요
먹다	먹을 수 있어요
만나다	만날 수 있어요
수영하다	수영할 수 있어요
ⓒ 듣다	들을 수 있어요
ⓔ 놀다	놀 수 있어요

문법　형용사

가. 1. ⓐ 2. ⓔ 3. ⓒ 4. ⓑ 5. ⓓ

나. 1. 나빠요　　　　2. 낮아요
　　3. 싸요　　　　　4. 빨라요

단어·표현　대화

가. 1. 사람이 적어요, 경치가 아름다워요

나. 1. ⓒ 2. ⓐ 3. ⓔ 4. ⓓ 5. ⓑ

단어·표현　읽고 말하기

가. 1. 연습할　　　2. 학기　　　　3. 돌아갈
　　4. 친절해요　　5. 불편해요

나. 1. 생활　　　　2. 하숙집
　　3. 요리할　　　4. 이사할

단어·표현　듣고 말하기

가. 1. 구경　　　　2. 혼자　　　　3. 박물관
　　4. 찍을　　　　5. 보여

나. 1. 방학　　　　2. 혼자　　　　3. 박물관
　　4. 또　　　　　5. 구경을 할

종합문제

가. 1. 다른 약속이 있어요.   2. 여행 잘 다녀오세요.
    3. 사진 좀 보여주세요.

나. ③

다. 1. 음식이 정말 맛있어요.   2. 극장에 같이 갈 수 있어요?
    3. 토요일에 박물관에 갈 거예요.   4. 이번 학기가 한 달 후에 끝나요.
    5. 친구 집에서 한국말을 연습할 수 있을 거예요.

第 2 课   试一试这件衣服

문법 - (으)ㄴ

가. 비싼 시계, 짧은 치마, 재미있는 책

나. 1. 큰   2. 비싼   3. 맛있는
    4. 재미있는   5. 멋있는   6. 많은

다. 1. 싼   2. 작은   3. 낮은
    4. 짧은   5. 긴

라. 1. 무거워요   2. 싸요
    3. 재미있는   4. 멋있는

Check

	- (으)ㄴ
작다	작은
많다	많은
크다	큰
예쁘다	예쁜
맛있다	맛있는
재미없다	재미없는
ⓑ 무겁다	무거운
ⓡ 길다	긴

문법 – 지 않아요

가. 1. 방이 크지 않아요. 2. 옷이 예쁘지 않아요.
　　3. 신발이 싸지 않아요. 4. 한국어가 어렵지 않아요.

나. 1. 학교에 가지 않아요 2. 커피를 마시지 않아요
　　3. 도서관에서 책을 읽지 않아요 4. 운동하지 않아요
　　5. 친구를 만나지 않아요 6. 바쁘지 않아요
　　7. 음악을 듣지 않아요

다. 1. 어렵지 않아요 2. 덥지 않아요
　　3. 크지 않아요 4. 일본어를 배우지 않았어요
　　5. 회사에 가지 않을 거예요

라. 1. 앤디 씨가 제주도를 여행하지 않았어요
　　2. 앤디 씨가 혼자 여행하지 않았어요
　　3. 앤디 씨가 일본어로 이야기하지 않았어요
　　4. 앤디 씨가 겨울 옷을 입지 않았어요

Check

	– 지 않아요
작다	작지 않아요
많다	많지 않아요
크다	크지 않아요
예쁘다	예쁘지 않아요
ⓒ 걷다	걷지 않아요
ⓗ 무겁다	무겁지 않아요
ⓔ 알다	알지 않아요

문법 – 아/어 보세요

가. 1. ⓓ [바지] 2. ⓒ [모자]
　　3. ⓑ [음식] 4. ⓐ [신발]

나. 1. 만나 보세요 2. 읽어 보세요
　　3. 먹어 보세요 4. 마셔 보세요

다. 1. 써 보세요 2. 먹어 보세요
　　3. 입어 보세요 4. 신어 보세요

라. 1. 도쿄에 가 보세요 2. 읽어 보세요
　　3. 냉면을 한번 먹어 보세요 4. 한라산에 한번 가 보세요

Check

	– 아/어 보세요
먹다	먹어 보세요
신다	신어 보세요
가다	가 보세요
만나다	만나 보세요
말하다	말해 보세요
노래하다	노래해 보세요
㉡ 쓰다	써 보세요
㉢ 듣다	들어 보세요
㉣ 만들다	만들어 보세요

단어·표현 과일·옷

가. 1. ⓓ [사과]   2. ⓑ [딸기]
     3. ⓐ [포도]   4. ⓒ [배]

나. 1. ⓑ [바지]   2. ⓓ [운동화]
     3. ⓔ [치마]   4. ⓐ [모자]
     5. ⓒ [티셔츠]

단어·표현 대화

가. 1. 입으세요   2. 가벼워요
     3. 맞아요   4. 써

단어·표현 읽고 말하기

가. 1. 머리   2. 계속
     3. 냄새   4. 모두

나. 1. 물어봤어요   2. 유명한
     3. 같은   4. 쳐다봐요

단어·표현 듣고 말하기

가. 1. 색   2. 현금
     3. 사인   4. 지갑

종합문제

가. 1. 좀 보여주세요. 2. 뭐 드시겠어요?
　　3. 다른 색은 없어요? 4. 잘 맞아요.

나. 1. ② 2. ④

다. 1. 아주 맛있는 사과예요. 2. 크지 않아요. 잘 맞아요.
　　3. 이 치마를 한번 입어 보세요. 4. 저는 아름다운 여자를 좋아해요.
　　5. 예쁜 여자가 저를 계속 쳐다봐요.

第 ③ 课　最近过得怎么样?

문법 － (으)세요 ②

가. 1. 읽어요 2. 만나요 3. 공부해요
　　4. 가세요 5. 읽으세요 6. 보세요

나. 1. 읽으세요 2. 찾으세요 3. 가세요
　　4. 보세요 5. 일하세요 6. 사세요

다. 1. 읽으세요 2. 찍으세요 3. 만나세요
　　4. 식사하세요 5. 들으세요

라. 1. 좋아하세요 2. 읽으세요 3. 지내세요
　　4. 아세요 5. 들으세요

Check

	- (으)세요
찾다	찾으세요
읽다	읽으세요
가다	가세요
보다	보세요
ⓒ 듣다	들으세요
ⓗ 어렵다	어려우세요
ⓔ 알다	아세요
★ 있다	계세요
★ 먹다	잡수세요
★ 마시다	드세요
★ 자다	주무세요
★ 말하다	말씀하세요

문법 - (으)셨어요

가. 1. 찍었어요 2. 숙제했어요 3. 봤어요.
   4. 찾으셨어요 5. 사셨어요 6. 요리하셨어요

나. 1. 입으셨어요 2. 읽으셨어요 3. 만나셨어요
   4. 걸으셨어요 5. 사셨어요

다. 1. 드셨어요 2. 계셨어요 3. 말씀하셨어요
   4. 드셨어요 5. 주무셨어요

라. 1. 오셨어요 2. 아프셨어요 3. 가셨어요
   4. 하셨어요

Check

	- (으)셨어요
찾다	찾으셨어요
읽다	읽으셨어요
가다	가셨어요
보다	보셨어요
ⓒ 듣다	들으셨어요
ⓗ 어렵다	어려우셨어요
ⓔ 알다	아셨어요
★ 말하다	말씀하셨어요
★ 먹다	잡수셨어요
★ 마시다	드셨어요
★ 자다	주무셨어요
★ 있다	계셨어요

단어·표현 몸 · 건강

가. 1. 목 2. 다리 3. 눈
   4. 어깨 5. 배

나. 1. 목 2. 다리 3. 배
   4. 눈

다. 1. 아팠어요 2. 두통약
   3. 열이 나요 / 내과 4. 나았어요
   5. 소화제

단어·표현 대화

가. 1. 음식   2. 퇴근해요   3. 꼭
    4. 푹 쉬   5. 자주

단어·표현 읽고 말하기

가. 비가 오다 / 이메일을 쓰다 / 다리미질을 하다

나. 1. 부엌   2. 간식   3. 거실
    4. 친한 친구   5. 건강

단어·표현 듣고 말하기

가. 1. 아직   2. 걱정해요   3. 따뜻한 물
    4. 시험을 볼   5. 복습할

종합문제

가. 1. 어디 아프세요?   2. 다 나았어요.
    3. 어떻게 해요?   4. 푹 쉬세요.

나. 1. ④   2. ①, ④

다. 1. 목이 많이 아팠어요.   2. 언제 한국에 오셨어요?
    3. 아버지도 거실에 계세요.   4. 혹시 감기에 걸리셨어요?
    5. 부엌에서 맛있는 간식을 준비하세요.

第 4 课 我会游泳

문법 - (으)ㄹ 줄 알아요/몰라요

가. 1. 수영할 줄 알아요.   2. 한자를 읽을 줄 몰라요.
    3. 피아노를 칠 줄 몰라요.   4. 테니스를 칠 줄 알아요.

나. 1. 수영할 줄 알아요   2. 한자를 읽을 줄 몰라요
    3. 스키를 탈 줄 알아요   4. 태권도를 할 줄 몰라요
    5. 한국 음식을 만들 줄 알아요

다. 1. 칠 줄 알아요   2. 탈 줄 알아요
    3. 출 줄 알아요   4. 할 줄 알아요

라. 1. 아니요, 운전할 줄 몰라요.
2. 한국어로 자기소개를 할 줄 알아요?
   네, 한국어로 자기소개를 할 줄 알아요.
   (아니요, 한국어로 자기소개를 할 줄 몰라요.)
3. 한자를 읽을 줄 알아요?
   네, 한자를 읽을 줄 알아요. (아니요, 한자를 읽을 줄 몰라요.)
4. 스케이트를 탈 줄 알아요?
   네, 스케이트를 탈 줄 알아요. (아니요, 스케이트를 탈 줄 몰라요.)
5. 한국 음식을 만들 줄 알아요?
   네, 한국 음식을 만들 줄 알아요. (아니요, 한국 음식을 만들 줄 몰라요.)

Check

	- (으)ㄹ 줄 알아요	- (으)ㄹ 줄 몰라요
읽다	읽을 줄 알아요	읽을 줄 몰라요
찍다	찍을 줄 알아요	찍을 줄 몰라요
타다	탈 줄 알아요	탈 줄 몰라요
치다	칠 줄 알아요	칠 줄 몰라요
ⓒ 걷다	걸을 줄 알아요	걸을 줄 몰라요
ⓔ 만들다	만들 줄 알아요	만들 줄 몰라요

문법 - 아/어야 해요

가. 1. 복습해야 해요. 2. 9시 전까지 도착해야 해요.
    3. 공항에 가야 해요. 4. 빨리 사야 해요.

나. 1. 약을 먹어야 해요. 2. 선물을 사야 해요.
    3. 공부해야 해요. 4. 써야 해요.

다. 1. 친구를 만나야 해요. 2. 시험을 준비해야 해요.
    3. 병원에 가야 했어요. 4. 영어를 가르쳐야 했어요.

라. 1. 토요일에 일해야 해요.
    2. 예) 한국 친구하고 이야기를 많이 해야 해요.
    3. 예) 박물관에 많이 가야 해요.
    4. 예) 낮에 운동을 해야 해요.

Check

	- 아/어야 해요
찾다	찾아야 해요
가다	가야 해요
오다	와야 해요
읽다	읽어야 해요
주다	줘야 해요

㉢ 쓰다	써야 해요
㉣ 걷다	걸어야 해요
㉤ 만들다	만들어야 해요

문법 - 거나

가. 1. 여행하다 2. 영화를 보다
3. 친구를 만나다 4. 아르바이트 하다

나. 1. 영화를 보거나 음악을 들어요. 2. 친구를 만나거나 TV를 봐요.
3. 아르바이트를 하거나 여행해요. 4. 파티하거나 식사해요.

단어·표현 몸 · 건강

가. 1. b 2. f 3. a
4. c 5. e 6. d

나. 1. 해요 2. 쳐요 3. 해요
4. 타요 5. 해요 6. 쳐요
7. 쳐요 8. 타요

단어·표현 대화

가. 1. 안내했어요 2. 춤을 췄어요 3. 일이 많았어요
4. 배우러 다녀요 5. 나중에

단어·표현 읽고 말하기

가. 1. 여러 가지 2. 마다 3. 전공
4. 자기소개서 5. 무역 회사

단어·표현 듣고 말하기

가. 1. 일찍 2. 시작해요
3. 소개해 줄 4. 출구

종합문제

가. 1. 요즘 어떻게 지내세요? 2. 시간이 있을 때 뭐 하세요?
3. 나중에 우리 같이 테니스 쳐요. 4. 잘 부탁드립니다.

나. 1. ①, ④ 2. ②

다. 1. 어떤 운동을 좋아하세요? 2. 물론 운전도 할 줄 압니다.
   3. 회사에서 일을 해야 했어요. 4. 운동을 하거나 음악을 들어요.
   5. 무역 회사에서 꼭 일하고 싶습니다.

 我们一起看电影好吗?

문법 - (으)ㄹ까요 ①

가. 1. d 2. a
   3. c 4. b

나. 1. 저녁 식사 할까요? 2. 좀 걸을까요?
   3. 점심을 먹을까요? 4. 영화 〈해리포터〉를 볼까요?
   5. 남산에 갈까요? 6. 여기에 좀 앉을까요?
   7. 케이크를 만들까요? 8. 커피를 마실까요?

다. 1. 볼까요? 2. 볼까요? 3. 만날까요?
   4. 만날까요? 5. 만나요. 6. 먹을까요?
   7. 먹어요. 8. 먹을까요? 9. 먹어요.

Check

	- (으)ㄹ까요?
먹다	먹을까요?
찍다	찍을까요?
가다	갈까요?
보다	볼까요?
ⓒ 듣다	들을까요?
ㄹ 만들다	만들까요?

문법 - 하고

가. 1. 이야기를 해요. 2. 식사를 해요.
   3. 텔레비전을 봐요. 4. 춤을 춰요.
   5. 커피를 마셔요.

나. 1. 미나 씨하고 2. 소라 씨하고 3. 한스 씨하고
   4. 렌핑 씨하고 5. 혼자

문법 - 고

가. 1. 숙제하고 TV를 봐요.
　　3. 공부하고 영화를 봐요.
　　2. 책을 읽고 테니스를 쳐요.
　　4. 일을 하고 식사해요.

나. 1. 앤디 씨가 학교에서 공부하고 친구를 만나요.
　　2. 미나 씨가 일요일 아침에 친구하고 테니스를 치고 같이 점심을 먹어요.
　　3. 소라 씨가 저녁에 책을 읽고 영화를 봐요.
　　4. 한스 씨가 아침에 학교에서 한국어를 배우고 오후에 회사에서 일해요.

다. 1. 수영하고 쇼핑해요.
　　3. 식사하고 영화를 봤어요.
　　2. 커피를 마시고 신문을 읽어요.
　　4. 수영하고 텔레비전을 볼 거예요.

라. 1. 등산하고 저녁 먹어요.
　　2. 예) 점심 식사하고 아르바이트 했어요.
　　3. 예) 맛있는 음식을 먹고 춤을 췄어요.
　　4. 예) 한국어를 연습하고 여행할 거예요.

Check

	- 고
먹다	먹고
찍다	찍고
가다	가고
보다	보고
ⓒ 듣다	듣고
ⓔ 만들다	만들고

단어·표현   여가 활동

가. 1. 관광하다　　2. 드라이브를 하다　　3. 등산하다
　　4. 산책하다　　5. 사진을 찍다

단어·표현   대화

가. 1. 도와줘야　　2. 시험
　　3. 아르바이트를 해요.　　4. 준비해요.

단어·표현 읽고 말하기

가. 1. 다같이 2. 선물 3. 꽃
   4. 게임

나. 1. 우리 2. 받았어요 3. 봄
   4. 이겼어요 5. 대답했어요 6. 넓었어요

단어·표현 듣고 말하기

가. 1. 특별한 계획 2. 남쪽 3. 섬
   4. 유명한 5. 특히

종합문제

가. 1. 왜요? 2. 아직 잘 모르겠어요.
   3. 특별한 계획이 있어요? 4. 같이 찾아봐요.

나. 1. ④ 2. ②

다. 1. 같이 영화 보고 저녁 먹어요. 2. 우리 같이 탁구 치러 갈까요?
   3. 오늘 수업 후에 뭐 할 거예요? 4. 공원은 넓고 나무가 많았습니다.
   5. 다음에는 우리 둘이서만 와요.

 我不舒服, 去不了啦

문법 못

가. 1. b 2. b

나. 1. 못 만나요. 2. 아침을 못 먹어요.
   3. 도서관에서 공부 못 했어요. 4. 파티에 못 가요.

다. 1. 이야기를 못 해요. 2. 인터넷을 못 해요.
   3. 요리를 못 해요. 4. 파티 못 해요.

라. 1. 못 가요. 2. 못 만나요.
   3. 못 읽어요. 4. (이사를) 못 도와줘요.
   5. 어제 저녁 식사 못 했어요.

문법 - 아/어서

가. 1. c   2. a   3. b

나. 1. 일을 많이 해서   2. 슬퍼서
    3. 점심을 많이 먹어서   4. 친구가 늦게 와서   5. 돈이 없어서

다. 1. 시험이 있어서   2. 날씨가 더워서
    3. 교통이 복잡해서   4. 배가 아파서   5. 숙제가 많아서

라. 1. 예) 친구하고 한국말로 이야기하고 싶어서 한국어를 공부해요.
    2. 예) 프랑스에 친구가 있어서 프랑스에 가고 싶어요.
    3. 예) 음악을 좋아해서 한국 음악 CD를 받고 싶어요.

Check

	- 아/어서
찾다	찾아서
가다	가서
오다	와서
읽다	읽어서
주다	줘서
ⓔ 쓰다	써서
ⓒ 듣다	들어서

문법 - (으)려고 해요

가. a

나. 1. 동생한테 전화하려고 해요.   2. 사진을 찍으려고 해요.
    3. 친구들하고 농구하려고 해요.   4. 음악을 들으려고 해요.
    5. 집에서 음식을 만들려고 해요.

다. 1. 등산하려고 해요.   2. 집에서 쉬려고 해요.
    3. 러시아에 돌아가려고 해요.   4. 중국 음식을 만들려고 해요.

라. 1. 병원에 가려고 해요.   2. 예) 다이어트를 하려고 해요.
    3. 예) 운동을 하려고 해요.
    4. 예) 날씨가 좋아서 산책하려고 해요.

Check

	- (으)려고 해요
먹다	먹으려고 해요
찍다	찍으려고 해요
가다	가려고 해요
보다	보려고 해요
ⓒ 듣다	들으려고 해요
ⓔ 살다	살려고 해요

단어·표현 이유

가. 1. b 2. c 3. d
　　4. a 5. e

단어·표현 대화

가. 1. 표 2. 꼭 3. 돈
　　4. 서류 5. 번역

나. 1. 쉬 2. 다이어트를 해요?
　　3. 살이 쪄서요. 4. 필요해요.

단어·표현 읽고 말하기

가. 1. 경기 2. 고쳤어요
　　3. 고장이 났어요 4. 이겼어요

단어·표현 듣고 말하기

가. 1. 생일 카드 2. 버스 정류장
　　3. 길이 막혔어요 4. 동전

종합문제

가. 1. 꼭 하세요. 2. 그래서 뭐요?
　　3. 그런데요? 4. 죄송합니다.

나. 1. ④ 2. ③

다. 1. 시간이 없어서 운동을 못 했어요.
2. 오늘 세 시까지 서류를 만들려고 해요.
3. 길이 너무 막혀서 늦었어요.
4. 너무 피곤해서 좀 쉬려고 해요.
5. 저도 오늘 저녁에 축구 경기를 보려고 해요.

문법 – 아/어 봤어요

가. 1. e 2. d 3. b
4. c 5. a

나. 1. 번지 점프 해 봤어요. 2. 스쿠버다이빙 해 봤어요.
3. 스페인어를 배워 봤어요. 4. 소주를 마셔 봤어요.
5. 노래방에 가 봤어요.

다. 1. 가 봤어요? / 가 봤어요.
2. 입어 봤어요? / 못 입어 봤어요. / 입어 보세요.
3. 먹어 봤어요? / 못 먹어 봤어요. / 먹어 보세요.
4. 타 봤어요? / 못 타 봤어요. / 타 보세요.

라. 1. 번지 점프 해 봤어요.
2. 가 봤어요? / 예) 미국에 가 봤어요.
3. 만들어 봤어요.

Check

	– 아/어 봤어요
신다	신어 봤어요
먹다	먹어 봤어요
가다	가 봤어요
만나다	만나 봤어요
ⓐ 쓰다	써 봤어요
ⓒ 듣다	들어 봤어요
살다	살아 봤어요

문법 – 아/어 주세요

가. 1. b   2. b

나. 1. 여기에 이름을 써 주세요.   2. 여기에서 기다려 주세요.
    3. 조용히 해 주세요.   4. 음식을 만들어 주세요.
    5. 사진을 찍어 주세요.   6. 제 이야기를 좀 들어 주세요.

다. 1. 말해 주세요.   2. 읽어 주세요.
    3. 조용히 해 주세요.   4. 열어 주세요.
    5. 들어 주세요.   6. 가르쳐 주세요.

라. 1. 닫아 주세요.   2. 이메일 주소를 가르쳐 주세요.
    3. 써 주세요.   4. 음식을 만들어 주세요.

Check

	– 아/어 주세요
찾다	찾아 주세요
만나다	만나 주세요
찍다	찍어 주세요
가르치다	가르쳐 주세요
말하다	말해 주세요
사인하다	사인해 주세요
ⓢ 쓰다	써 주세요
ⓒ 듣다	들어 주세요
ⓑ 돕다	도와 주세요
ⓔ 만들다	만들어 주세요

단어·표현 이유

가. 1. b   2. c   3. d
    4. a   5. e

단어·표현 대화

가. 1. 새   2. 인터넷 쇼핑몰
    3. 위치   4. 이따가

나. 1. 도와줄   2. 빌려 주세요
    3. 구경을 했어요.   4. 추천해

단어·표현 읽고 말하기

가. 1. 날마다 2. 부탁을 합니다 3. 요리
    4. 기뻤어요 5. 먼저

단어·표현 듣고 말하기

가. 1. 한식집 2. 시킬 3. 갖다 주세요
    4. 2인분

종합문제

가. 1. 여기요. 2. 네? 왜요? 3. 글쎄요.
    4. 지금 배달 돼요? 5. 조금 이따가 도와줄게요.

나. 1. ② 2. ②

다. 1. 조금 이따가 도와줄게요. 2. 혹시 갈비 먹어 봤어요?
    3. 좋은 식당을 좀 가르쳐 주세요. 4. 맵지 않아요. 한번 먹어 보세요.
    5. 한국 요리를 배울 수 있어서 아주 기뻤습니다.

第 8 课 口语课最有意思

문법 – 보다 (더) / 제일

가. 1. 가 / 보다 2. 가 / 보다
    3. 가 / 보다 4. 가 / 보다

나. 1. 설악산이 남산보다 높아요.
    2. 미나 씨 머리가 소라 씨 머리보다 길어요
    3. 소라 씨 가방이 앤디 씨 가방보다 무거워요.
    4. 이리나 씨 책이 렌핑 씨 책보다 얇아요.

다. 1. 말하기가 제일 어려워요. 2. 예) 축구가 제일 재미있어요.
    3. 예) 가을이 제일 좋아요. 4. 예) 불고기가 제일 맛있어요.

단어·표현 이유

가. 1. 이사하 2. 방 3. 가까워요
    4. 시끄러워요 5. 위치

단어·표현 대화

가. 1. 광고　　　　　2. 달라　　　　　3. 언제든지
　　 4. 시설

단어·표현 읽고 말하기

가. 1. 학기　　　　　2. 이제　　　　　3. 마음에 들어
　　 4. 소개할　　　　5. 문화

단어·표현 듣고 말하기

가. 1. 아이들　　　　2. 사다 주세요　　3. 가지고 왔어요
　　 4. 필요해요　　　5. 도착해요

종합문제

가. 1. 방학 잘 보내세요.　　2. 그때 봐요.
　　 3. 한 달에 얼마예요?　　4. 준비 다 했어요?　　5. 저도요.

나. 1. ④　　　　　　　　　2. ②, ③

다. 1. 위치가 어디예요?
　　 2. 그 친구는 학교에 제일 일찍 오고 공부도 열심히 해요.
　　 3. 나중에 다음 학기 생활도 소개할게요.
　　 4. 저는 운동 중에서 태권도를 제일 좋아해요.
　　 5. 방도 지금 하숙집보다 더 넓어서 마음에 들어요.

综合练习

p. 148
◆ 이다, 있다
1. 이에요
2. 있어요
3. 예요
4. 있어요
5. 였어요
6. 없었어요
7. 이었어요
8. 이었어요

p.149
◆ 조사
1. 에
2. 에서
3. 에
4. 에
5. 에서
6. 이
7. 가
8. 를
9. 을
10. 가
11. 부터 / 까지
12. 에서 / 까지
13. 한테서
14. 한테
15. 부터 / 까지

p.151
◆ 수
1. 세 개
2. 열 시간
3. 두 번
4. 다섯 명
5. 여섯 병
6. 일곱 시 / 십 분
7. 일곱 장
8. 사 주일
9. 다섯 달
10. 일 년

p. 152
◆ 존댓말
1. 계세요
2. 주무세요
3. 들으세요
4. 잡수세요
5. 드세요
6. 안 계셨어요
7. 주셨어요
8. 돌아오셨어요

p. 153
◆ 접속사
1. 그리고
2. 그래서
3. 그런데/하지만/그러나
4. 그럼/그러면
5. 그런데/하지만/그러나
6. 왜냐하면
7. 그럼/그러면
8. 그런데/하지만/그러나

p. 154
◆ 의문사
1. 어디
2. 언제
3. 왜
4. 어떻게
5. 무엇
6. 무슨/어떤/어느
7. 누구
8. 누가
9. 어느
10. 무슨/어떤/어느

p. 155
◆ 반대말
1. 커요
2. 어려워요
3. 다른
4. 추워요
5. 짧아요
6. 두꺼워요
7. 멀어요

8. 느려요
9. 시끄러워요
10. 가벼워요

p. 156
◆ 위치
1. 아래
2. 사이
3. 왼쪽
4. 오른쪽
5. 앞
6. 뒤
7. 위

p. 157
◆ 시간
1. 조금 후
2. 내일
3. 이번 주말
4. 지난 달
5. 내년

p. 158
◆ 시제 – 현재, 과거
1. 저는 친구를 만나요
2. 친구하고 같이 극장에 가요
3. 영화를 봐요
4. 그리고 저녁을 먹어요
5. 술도 마셔요
6. 그래서 집에 늦게 와요
7. 저는 친구를 만났어요
8. 친구하고 같이 극장에 갔어요
9. 영화를 봤어요
10. 그리고 저녁을 먹었어요
11. 술도 마셨어요
12. 그래서 집에 늦게 왔어요

p. 159
◆ 시제 – 미래
1. 저는 친구를 만날 거예요
2. 친구하고 같이 극장에 갈 거예요
3. 영화를 볼 거예요
4. 그리고 저녁을 먹을 거예요
5. 술도 마실 거예요
6. 그래서 집에 늦게 올 거예요

p. 160
◆ 문형
1. 한국어를 배우러
2. 으로
3. 머리가 아파서
4. 공부해야 해
5. 친구를 만나거나
6. 볼까요
7. 숙제를 하지 않았어요
8. 테니스를 칠 줄 몰라요
9. 배우려고 해요
10. 회사에서 늦게까지 일해야 했어요
11. 춥지요
12. 할 줄 알아요 / 해 봤어요
13. 큰
14. 보다 / 제일
15. 하고
16. 얼마나
17. 로

◆ 고치기
1. 공부할 거예요?
2. 이에요
3. 청소 안 했어요
4. 먹고
5. 좋아해요
6. 예뻐요
7. 있어요
8. 가요
9. 고파서
10. 지하철로
11. 재미있는
12. 돈이
13. 만나요
14. 해요
15. 마시러
16. 전화할 거예요
17. 얼마나

◆ 번역
1. 시청에 어떻게 가요?
2. 지하철 2호선을 타세요. 그리고 3호선으로 갈아타세요.
3. 테니스를 칠 줄 알아요?

4. 저는 음악을 듣거나 책을 읽어요.
5. 저는 오늘 밤에 일을 해야 해요.
6. 오이를 사고 싶어요. 이게 얼마예요?
7. 토요일에 영화를 보러 갈 거예요. 우리 같이 갈까요?
8. 좋은 식당을 보여 주세요
9. 이게 저 것보다 더 비싸요.
10. 조금 작은 거 있어요?
11. 저는 아파서 학교에 갈 수 없었어요.
12. 이 집이 이 근처에서 제일 조용해요.
13. 저는 돈을 찾으러 은행에 갈 거예요.

MEMO

MEMO